들뢰즈: 철학과 영화

들뢰즈: 철학과 영화

운동-이미지에서 시간-이미지로의 이행

쉬잔 엠 드 라코트
이지영 옮김

열화당

차례

서론

질 들뢰즈(Gilles Deleuze)는 『시네마 1, 운동-이미지(*Cinéma 1, L'Image-mouvement*)』와 『시네마 2, 시간-이미지(*Cinéma 2, L'Image-temps*)』를 통해 혁신적인 기획을 훌륭히 수행해내고 있다. 여기서 혁신적이라는 것은 무엇보다도 들뢰즈의 다른 저작들에 비추어 그렇다는 것이다. 이 두 권이 들뢰즈가 예술에 관해 쓴 최초의 저술은 아니다. 그는 이미 『프랜시스 베이컨: 감각의 논리(*Francis Bacon: Logique de la sensation*)』[1]라는 회화 관련 저서와, 『프루스트와 기호들(*Proust et les signes*)』[2]과 『카프카(*Kafka*)』[3]라는 문학 관련 저서를 낸 바 있다. 하지만 이 책들에서 연구 대상은 문학과 회화 일반이 아니라, 프루스트의 문학이고 카프카의 문학이며 베이컨의 회화이다. 다시 말해 들뢰즈는 여기서 체계적인 이론을 다루었다기보다는 특정한 주제에 대한 전문적인 저술을 했다고 할 수 있다. 하지만 영화라는 제칠의 예술을 그 기원에서부터 1970년대말에 이르기까지 총체적으로 다루고 있는 『시네마 1』과 『시네마 2』는 완전히 다른 방식의 저술이다. 그리하여 영화는 들뢰즈의 연구 작업에서 매우 특별한 자리를 차지하고 있다.

　이런 의미에서 그의 기획은 혁신적이라고 할 수 있으며, 설사 그 정도까지는 아니라고 해도 최소한 그의 저술들 중에서는 문제적이라고 할 수 있다. 『시간-이미지』의 마지막 단락에서 그는 다음과 같이 쓰고 있다. "영화의 개념들은 영화 안에서 주어진 것이 아니다. 그것은 영화에 관한 이론들이 아니라 영화의 개념들이다."[4] 이 말은 들뢰즈의 저작에서 영화가 갖는 문제적인 지위를 나타내는 동시에 『운동-이미지』와 『시간-이미지』를 이해하기 위한 열쇠를 제공하기 때문에, 『시네마 1』과 『시네마 2』를 다루는 모든 연구들은 들뢰즈의 이 말을 절대적으로 고려해야만 할 것이다. 영화는 예술과 철학의 사잇길에 위치한 것처럼 보이는데, 바로 거기서 문제가 생긴다. 들뢰즈는 계속해서 "철학은 개념들을 형성하고 창안하고 제조해내는 예술이다"[5]라고 주장한다. 들뢰즈에 의하면 예술은 정감과 지각을 창조한다. 즉 "예술가가 제시하는 지각이나 시각과 관련해, 예술가는 정감을 보여주고, 정감을 창안하고 정감을 창조하는 사람이다."[6] 그러면서도 들뢰즈는 '영화의 개념들'에 대해 이야기한다.

이렇듯 들뢰즈는 영화에 특별한 지위를 부여하고 있는 듯이 보이는데, 그 이유로 여러 가지를 들 수 있다. 첫째, 비철학적(非哲學的)인 새로운 표현 수단들을 취하는 것이 철학의 임무—들뢰즈가 니체(F. W. Nietzsche)에게서 받아들인 사상—이기 때문이다. 양식(Style)만이 아니라 전통적으로 철학과 관련 없는 영역들, 예컨대 영화와 같은 영역도 표현 수단을 통해서 이해해야만 한다. "철학에는 철학을 포함하는 비철학이 필요하다. 예술에 비예술적인 이해가 필요하고 과학에 비과학적인 이해가 필요하듯이, 철학에는 철학에 대한 비철학적 이해가 필요하다."[7]

다음 이유로는 영화가 다른 예술들과는 달리 철학과 특권적 관계를 맺고 있다는 점을 들 수 있다. "정오와 자정 사이에 언제나 시간이 있다 할지라도, 더 이상 '영화란 무엇인가' 하고 자문해서는 안 되며, '철학이란 무엇인가'를 자문해야 한다."[8] 들뢰즈가 보기에 영화는 본질적으로 그 기계적인 특성 덕분에 다른 예술보다 사유의 이미지를 탁월하게 제시한다. 하지만 근본적으로는 "(들뢰즈의) 모든 기획은 개념들의 창조적 반복을 주장하는 것이지, 예술 그 자체에 대한 파악을 주장하는 것은 아니다"[9]라는 알랭 바디우(Alain Badiou)의 해석을 진지하게 고려해 보아야만 할 것이다. 이 두 저작이 외견상으로는 이미지들의 체계를 제시하고 있는 듯이 보이지만, 사실 들뢰즈의 기획 목표가 영화의 이미지들과 기호들을 단순히 기술하는 데 있지는 않다. 들뢰즈는 베르그송(H. Bergson)과 퍼스(C. S. Peirce)를 끌어들여 이미지들의 상이한 유형을 분류한다. 들뢰즈의 근본적인 관심은 시간, 운동, 진리 등과 같이 자신이 이미 탐구한 바 있던 개념들과 영화에 의해 생산되지 않은 영화의 개념들을 재평가하는 데 있다. 왜냐하면 "중요한 것은 개념들 그 자체의 비인격적인 가치이며, 내용상 개념들은 '주어진' 구체적인 것과는 아무런 관련이 없고 다른 개념들과 관련되기"[10] 때문이다. "영화의 이론은 영화에 '관한' 이론이 아니라 영화가 촉발시키는 개념들에 관한 것이며, 그 개념들은 다른 실천들에 상응하는 다른 개념들과 관련"[11]되기 때문에, 우리는 영화가 철학 뒤에서 점점 소멸하고 있다는 것을 알아차리게 된다.

우리는 이러한 물음들을 운동-이미지와 시간-이미지의 구분을 기준으로 다루어 나갈 것이다. 들뢰즈를 따라 『시네마』의 전체 체계뿐만 아니라 철학에 대한 그의 견해의 근거를 모색해 나갈 때, 그때 비로소 철학에 대한 들뢰즈의 견해는 명료하고 효과적이고 역동적일 뿐만 아니라, 이는 『시네마』를 이해하는 데 필수불가결한 것이 될 것이다. 하지만 철학에 대한 들뢰즈의 견해는 결코 그리 자명하지 않다. 이 책은 철학에 대한 들뢰즈의 견해를, 운동-이미지에서 시간-이미지로의 이행 전체에 대해서가 아니라 상이한 여러 이미지들에 의해 체험되는 변형들—예를 들어 정감-이미지로부터 충동-이미지로의 이행처럼—에 대한 분석, 그리고 특정한 유형의 이미지를 다른 유형의 이미지—네오리얼리즘 이후—로 이행하도록 조장했던, 그저 우연적인 역사적 상황들에 대한 연구에 국한해서 다룰 것이다. 영화의 역사와 영화의 양식적인 진화를 뛰어넘어 미묘한 구분의 원리 자체 및 *그 원리의 철학적 원리*에까지 나아가야 한다. 그것이 이 책의 목적이다.

Les deux images et leur agencement

두 이미지와
그 배치

1

1. 이미지란 무엇인가

이미지＝물질＝운동

문제가 되고 있는 것이 무엇인지를 잘 이해하기 위해서는 무엇보다도 『운동-이미지』와 『시간-이미지』에서 사용되고 있는 용어와 개념들을 분명하게 해 둘 필요가 있다. 왜냐하면 용어와 개념들에 대한 정의라는 것은 자명한 것이 아니기 때문이다. 들뢰즈는 끊임없이 '철학이란 개념의 창조'라고 이야기한다. 하지만 들뢰즈에게 개념은 추상적인 실재도 아니고, 시간 너머에 영원히 존재하는 것도 아니고, 플라톤(Platon)의 이데아처럼 감각 가능한 대상들의 지적인 모델도 아니다. 들뢰즈에 따르면, "모든 개념은 역사를 갖고 있다."[12] 이 말은 모든 개념이 시간 안에 기입되어 있으며 특정 시점에 만들어진 문제에 상응함을 의미한다. 그리하여 모든 철학은 이전 철학들에서 영감을 받아야 하고, 무(無)에서 출현한 것이 아닌 개념들을 다시금 새롭게 받아들여야만 한다. 만일 개념이 진정한 의미에서 창조된 것이라면, 그것은 결코 무에서 창조된 것이 아니다.

영화에 대한 들뢰즈의 고찰에서 중심에 놓여 있는 이미지라는 개념을 예로 들어 보자. 들뢰즈는 베르그송이 『물질과 기억(*Matière et Mémoire*)』 1장에서 정의하고 있는 이미지 개념을 빌려온다. 다시 말해 들뢰즈의 이미지 개념은, 그가 계속해서 기본적으로 참조하고 있는 이 오리지널 텍스트에서 유래한 것이다. 하지만 들뢰즈가 베르그송에 준거하고 있다 해도, 그것은 들뢰즈가 베르그송의 사상을 아주 멀리까지 밀고 나아가는 한에서만 그러할 뿐이다. 사실 들뢰즈는, 베르그송이 스스로의 사유가 허용한 만큼 앞으로 밀고 나아가지 못했으며, 설사 그렇게까지 말할 수는 없다고 해도 최소한 영화에 관한 한은 사유의 역량을 제대로 발휘하지 못했다고 주장한다. 『물질과 기억』 1장을 참조하면서 들뢰즈는 다음과 같이 쓰고 있다. "베르그송은 얼마 지나지 않아 (『창조적 진화』에서—역자) 영화에 대해 다소 성급한 비판을 가했지만, 그 어떤 것도 그가 숙고했던 운동–이미지가 영화적 이미지와 만나는 것을 막을 수는 없다."[13] 베르그송은 이미지를 어떻게 정의하는가. 그는 이미지를 운동과 분리할 수 없는 것으로 제시한다. 정확히 말해, 다음과 같은 완전히 독창적인 등식을 제시한다.

이미지＝물질＝운동

이러한 등식이 성립한다면, 우리는 기본적으로 운동과 이미지를 납득할 수 없게 된다. 왜냐하면 운동은 사물의 일부이고 이미지는 우리가 그 사물에 대해 갖는 것, 혹은 의식이 우리에게 제공하는 것이라고 보는 게 일반적인 견해이기 때문이다. 그러나 현상학과 달리, 베르그송은 '모든 의식은 어떤 것에 대한 의식(toute conscience est conscience de quelque chose)'이라고 보지 않는다. 오히려 들뢰즈의 말처럼 "모든 의식은 어떤 것이다(toute conscience est quelque chose)"[14]라고 본다. 베르그송은 이미지를 두 가지 유형으로 구분한다. "그리하여 나는 이미지들 앞에, 그 말의 가장 모호한 의미에서의 이미지들 앞에 있다. 내가 나의 감각들을 열면 이미지들은 지각되고, 내가 나의 감각들을 닫으면 이미지들은 지각되지 않는다. 모든 이미지는 내가 자연의 법칙이라 부르는 항구적인 법칙에 따라 그 자체의 모든 기본적인 부분에서 서로서로 작용, 반작용한다. …그러나 다른 이미지들과 대조를 이루는 이미지가 하나 있다. 그 이미지는 내가 지각들을 통해 밖으로부터 알 뿐만 아니라, 정감들에 의해 안으로부터도 안다. 그것은 나의 몸이다."[15]

나의 몸이 다른 이미지들과의 관계에서 특별한 지위에 있는 것처럼 보이는 것은, 일단은 내가 나를 진동하게 하는 정감들을 통해 특별한 지위를 경험하기 때문이지만, 더 나아가 나의 몸이라는 특별한 지위에 있는 이미지가 어떠한 경우에서건 다른 이미지들과는 상이한 특성을 갖기 때문이다. 나의 몸은 중심적인 이미지로 나타나는데, 중심적인 이미지 주위에 다른 이미지들이 정돈된다. 이런 의미에서 나의 몸은 *행위의 중심*이다. "외적인 이미지들이 어떻게 내가 나의 몸이라고 부르는 이미지에 영향을 미치는가를 나는 잘 알고 있다. 외적인 이미지들은 나의 몸에 운동을 전달한다. 나는 어떻게 나의 몸이 외적인 이미지들에 영향을 미치는지도 잘 알고 있다. 나의 몸은 외적인 이미지들에게 운동을 되돌려준다."[16]

몸의 이미지는 본성상으로는 다른 이미지들과 다르지 않다. 다른 점이 있다면, 나의 몸은 스스로 받아들인 것에 대해 어떻게 응답할 것인지를 일정한 범위 안에서 선택하는 듯이 보인다는 것이다. 예를 들어, 나를 두렵게 하는 어떤 것이 작용을 가해 왔을 때 내게는 여러 가지 해결 방법이 있을 수 있다. 나를 겁나게 하는 것에 맞설 수도 있고, 그것을 피해 도망갈 수도 있다. 반사작용(réflexe)의 경우에 대해서도 생각해 볼 수 있다. 몸이 즉각적으로 반응할 경우에는 *선택을 가능하게 해주는 간격으로서의 뇌*에는 자극이 미치지 않으므로 반사작용이 존재한다. 반대로 "말초적인 자극이 뇌수의 운동세포에 직접적으로 퍼지거나 근육에 필연적인 수축을 각인하기보다는, 우선 뇌로 올라가고 그 다음에는 반사운동을 중재하는 바로 그 뇌수의 운동세포로 다시 내려올"[17] 때는, 몸은 지각된 운동에 대한 응답으로 어떤 반응을 보일지를 선택할 가능성을 갖게 된다. 그리하여 뇌는 표상(表象)을 형성하는 의식의 장소가 아니라 *간격*으로 이해된다. 바로 이것이 베르그송의 철학에서 완전히 독창적이고 특징적인 점이다. 다시 말해 몸은 표상의 장소가 아니라 행위의 중심이라는 것이고, 또한 뇌는 아무것도 창조해내지 않고 단지 받아들인 운동에 대해 다른 운동으로 응답하기만 하기 때문에 이미지는 뇌 안에서 만들어지는 게 아니라는 것이다. "그리하여 대상들을 움직이도록 운명지어진 내 몸은 행위의 중심이다. 내 몸은 표상을 나타나게 할 수 없다."[18] 베르그송이 말하고자 하는 것은 *이미지*는 그 자체로 운동이라는 것, 다시 말해 작용과 반작용이라는 것이다. 베르그송은 이미지를 작용과 반작용의 총체로 정의한다. 이미지들은 '스스로의 모든 기본적인 부분들에서' '스스로의 모든 측면에서' 작용하고 반작용한다. 이미지는 운동에서 유발되는 어떤 것이 아니라 운동하게 하는 것이고, 그 자체로 운동이다. 이러한 사실로부터 '이미지=운동'이라는 등식이 성립하는 것이다.

이제 등식의 세번째 항인 물질에 대해 이야기할 차례이다. 베르그송은 물질을 '이미지들의 총체'[19]라고 부른다. 하지만 들뢰즈가 언급했듯이, "물질은 상호관계에 있는 작용과 반작용들인 운동-이미지들의 세계"[20]라는 것을 이해해야만 한다. 그리하여 우리는 베르그송과 더불어 이미지, 물질 그리고 운동의 개념을 다시금 정초하게 된다. 베르그송에게 이미지는 필연적으로 보여지는 어떤 것이 아니다. 그것은 움직이는 어떤 것이고, 끊임없는 운동 속에 있는 어떤 것이다. 움직이지만 보이지 않는 사물들이 있다. 그러므로 이미지라는 개념은, 나의 지각과는 다른 것이다. 알랭 메닐(Alain Ménil)이 정확히 언급했듯이, "이미지가 운동하는 것이 되면서, 이미지에 대한 고전적인 개념 규정은 위기에 처하게 되었다."[21] 플라톤적인 전통에서 비롯된 고전적인 개념에서는 이미지란 지성에 의해서만 파악되는 모델의 복사본이므로 불완전할 수밖에 없다고 주장한다. 베르그송에게 이미지, 즉 운동이나 물질은 정의상 잠재성을 갖지 않는다. 베르그송은 물질에는 "숨겨져 있는 것이 하나도 없다"[22]고 말한다. 따라서 물질은 진정한 실재성을 갖게 되며, 개념보다 실재성을 덜 가지지 않는다. 왜냐하면 물질은 개념의 재생산, 손상되고 질이 떨어지는 재생산이 아니기 때문이다. 반면에 이미지에서 채취된 개념 혹은 이데아는 이미지의 내적인 이질성을 고려하지 않기 때문에 실재성을 상실한다. "베르그송주의의 테제는 이러한 의미에서 급진적이다. *관념보다 이미지에 더 많은 실재성이 존재하기 때문이다.*"[23] 이미지는 정의상 운동-이미지이고, 그것은 보편적 변이(universelle variation)이다. 들뢰즈는 이미지에 대한 이러한 정의에서 출발해 어떻게 운동-이미지와 시간-이미지라는 자신의 고유한 개념들을 창조하게 되었을까. 들뢰즈는 어떻게 운동-이미지와 시간-이미지라는 개념들을 영화에 대한 성찰에 적용해 영화의 고유한 개념들로 만들게 되었을까.

직접적인 시간-이미지와 시간에 대한 간접적인 이미지

들뢰즈가 운동-이미지와 시간-이미지를 정초할 수 있도록 해주는 데 핵심이라고 할 수 있는 *지속(durée)*을 빼놓는다면, 이미지에 대한 베르그송의 정의는 불충분한 것으로 남게 될 것이다. 『운동-이미지』의 1장에서 들뢰즈는, 베르그송이 『창조적 진화(L'Évolution créatrice)』에서 밝히고 있는, 운동에 대한 세 가지 테제를 제시하고 있다.

1. "연속에 대한 추상적인 관념, 기계적이고 동질적이고 보편적이며, 모든 운동에 동일하고 공간으로부터 복사되는 시간에 대한 추상적인 관념."[24]
2. 고전철학에서 특권화한 순간으로서의 운동, 현대철학에서 임의의 순간으로서의 운동.
3. 지속 안에서 움직이는 단면으로서의 운동.

앞에서 말했듯이 들뢰즈에 따르면, 베르그송은 영화를 '실패한 것'으로 보았다. 그렇다면 이제 영화에 대한 베르그송의 생각으로 되돌아가 보기로 하자. 베르그송의 생각을 더 정확하고 분명히 하기 위해서는, 그는 과연 어떻게 지속에 대한 상이한 개념들이 사유의 상이한 방식들에 상응한다고 생각했는지, 또한 어떻게 지속에 대한 특정한 개념이 '영화적' 특성을 가진다고 생각했는지가 밝혀져야만 한다. 그는 이러한 물음을 통해 자신이 영화를 어떻게 인식하고 있는지를 드러낸다. 그는 『창조적 진화』의 마지막 장에서 '사유의 영화적 메커니즘' 문제를 분명하게 제기하고 있다. 여기서 그는 지속에 대한 두 개의 잘못된 개념, 즉 실존과 무(無)의 대립과 형상과 생성의 대립을 비판한다.

기 피만(Guy Fihman)의 말처럼, "이러한 최근의 착각 때문에 개념적 사유의 메커니즘은 영화의 기계 장치와 비교된다."[25] 베르그송이 인정하지 않는 것은, 순간의 연속으로서의 지속, 영화에서 운동으로서의 지속에 대한 개념이 움직이는 이미지들 그 자체의 연속에 의해 생겨날 것이라는 점이다.(운동에 대한 첫번째 테제) "하지만 우리는 진정한 지속을 생각한 일이 있는가. 이 경우 다시금 직접적인 파악이 필요하게 된다. 우회에 의해서는 지속에 이르지 못할 것이므로 단번에 직접 그 속으로 들어가야 할 것이다. 왜냐하면 지성은 움직이지 않는 것을 매개로 하여 움직이는 것을 사유하므로, 대개는 운동을 직접적으로 파악하기를 거부하는 습성이 있기 때문이다."[26]

결국 베르그송이 비판하는 것은 엘레아(Elea) 학파의 제논(Zenon)이 말하는 운동 개념이고, 이러한 운동 개념이 가장 뚜렷이 나타나는 것이 다름 아닌 영화이다. 제논이 밝히고자 한 것은 운동이 불가능하다는 것이 아니라, 운동에 대해서 합리적으로 말하는 게 불가능하다는 것이다. 제논의 소위 '운동 불가능성에 대한' 네 가지 논증들을 인용하고 있는 아리스토텔레스(Aristoteles)의 『토피카(Topica)』에 따르면, 제논은 '만일 연속이 존재의 술어라면 연속은 무한히 나누어질 수도 없고(이분법과 아킬레스 참조) 원자들처럼 나누어질 수 없는 부분들로 구성된 것도 아니다(화살과 경주로 참조)' 라고 논증하고 있다.

"베르그송적인 지속은 현대의 구조주의와 대척점에 서 있으며, 시간을 공간 안에서 전개하려는 경향이 있는 모든 인식론들과 대척점에 있다. 아니면 적어도 시간을 공간적인 단면들의 연속으로 이해하려는 경향이 있는 모든 인식론들과 대척점에 있다. 운동이 결국은 움직이지 않는 이미지들의 연속일 뿐인 영화에서처럼, 이들 이론에서는 연속들에서 두 개의 단면 사이의 매개가 생략된다."[27] 그리하여 베르그송에게 영화는, 제논의 아킬레스와 거북이에 대한 역설이나 이분법에 대한 역설의 또 다른 예증으로서 나타난다. 운동은 계속되는 사진들 속에 포함되어 있는 것이 아니라, 특정한 속도로 사진들을 차례대로 한 장씩 풀어내는 기계 장치 안에 포함되어 있다. "이미지들이 움직이기 위해서는 어딘가에 운동이 존재해야만 한다. 운동은 바로 여기에, 즉 기계 장치 안에 존재한다. 왜냐하면 영화 필름은 그것이 보여주는 장면의 여러 사진(포토그램)들을 차례로 끌어와 다른 장면들과 연속적이 되게끔 스스로를 펼치기 때문이다. …요컨대 이러한 과정은 모든 형상들의 고유한 모든 운동들로부터 비인격적이고(impersonnel) 추상적이고 단순한 운동, 즉 운동 *일반*을 추출해내는 것과, 운동 일반을 기계 장치 안에 위치시키는 것, 그리고 인격적인(personnel) 태도로 이 익명적 운동을 합성해 특수한 각각의 운동의 개별성을 재구성하는 것으로 구성된다."[28]

들뢰즈가 절대로 인정하지 않는 것이 바로 영화에 대한 이러한 개념이다. 들뢰즈에게 영화적 이미지들은 연속에 의해 운동이 덧붙여지는 사진들로 분해될 수 있는 것이 아니다. 영화적 이미지는 본질적으로 운동-이미지이고, 앞으로 보게 되겠지만, 더 심오하게는 시간-이미지이다. 이러한 주장을 정당화하기 위해 들뢰즈는 『창조적 진화』에 나오는 베르그송의 세번째 테제를 언급한다. "순간은 운동의 움직이는 단면이며, 운동은 지속의 움직이는 단면, 즉 전체 혹은 하나의 전체의 움직이는 단면이다."[29] (들뢰즈가 보기에, 운동에 대한 베르그송의 두번째 테제는 불충분하기 때문에 세번째 테제가 요구된다.)

여기에서 베르그송은 지속의 관념을 도입한다. 베르그송은 어떻게 지속의 관념을 도입하는가. 어떻게 이 관념을 이미지이자 물질인 운동에 적용시키는가. 운동은 공간 안에서의 이동 운동이다. "공간 안에서의 이동 운동은 언제나 더 심오하고 다른 성격을 가지고 있는 무언가를 표현한다. 공간 안에서의 이동 운동은 언제나 질적인 변화나 변형을 표현한다."[30] 질적으로 변화하는 것은 들뢰즈가 전체라고 부르는 것이다. 전체는 주어진 것도 주어질 수 있는 것도 아니다. 그것은 열려 있는 것(Ouvert) 혹은 지속이다. 그것은 관계들의 무한집합, 즉 전체이다. 더 정확히 말하면 부분들로 나누어질 수는 없으면서도 모두가 지속, 즉 전체에 참여하고 있다는 이유로 서로 관계를 맺고 있는 무한집합들로 이루어진 전체이다. 닫힌 집합들을 열려 있는 것, 전체와 동일시해서는 안 된다. "집합들은 공간 안에 있고, 전체와 전체들은 지속 안에 있으며 끊임없이 변화하는 것으로서 지속 그 자체이다."[31]

지속의 움직이는 단면으로서의 운동은 전체 안에서 변화를 표현한다. 그리하여 운동은 지속과 분리될 수 없다. 운동은 궁극적으로 지속을 표현하지만, 공간 안에 자리하고 있는 이동 운동을 매개로 해서 표현한다. 『운동-이미지』 1장의 말미에서 들뢰즈는 운동의 세 단계, 세 수준을 구분한다. "1. 순간적인 이미지들, 즉 운동의 움직이지 않는 단면들만 존재하는 것은 아니다. 2. 지속의 움직이는 단면들인 운동-이미지들이 존재한다. 3. 마지막으로 시간-이미지들, 즉 운동 그 자체를 넘어서 있는 지속-이미지들, 변화-이미지들, 관계-이미지들, 총량-이미지들이 존재한다. …"[32]

이제 운동-이미지들과 시간-이미지들이라는 두 *종류의 이미지들*이 나타난다. 운동-이미지들은 지속 안에서 움직이는 단면들로서 정의되고, 우리가 아직 정확히 정의하지 않은 시간-이미지들은 '운동 그 자체를 넘어서' 있다. 이 두 가지 이미지를 뚜렷이 구분하기에 앞서 먼저 지적해야 할 점은, 들뢰즈의 주장과는 달리 베르그송은 운동-이미지와 시간-이미지를 창안해낸 사람이 아니라는 사실이다. ("베르그송이 발견해낸 운동-이미지와 더 심오하게는 시간-이미지는 고정된 것이 아니라 오늘날에도 여전히 온갖 주장들을 낳는 풍요로움을 보유하고 있다"고 들뢰즈는 말한다.[33]「기호들과 시간」〔『들뢰즈, 영화를 생각하다 (*Deleuze, pensare il cinema*)』〕에서의 스칼라(A. Scala)의 주장을 받아들여, 알랭 메닐은 영화에서의 베르그송주의에 관해 쓴 텍스트의 주석에서, 시간-이미지라는 개념의 진정한 창시자는 1929년 출간된 『시간과 동사(*Temps et Verbe*)』에서의 귀스타브 기욤(Gustave Guillaume)이라고 말하고 있다.[34] 들뢰즈는 베르그송에 대한 성찰과 베르그송의 회상-이미지라는 개념을 출발점으로 삼아 운동-이미지와 시간-이미지라는 자기 고유의 개념들을 형성한다. 들뢰즈는 이미지라는 개념을 베르그송이 사용한 방식대로 온전히 사용하지 않는다. 왜냐하면 "'이미지'가 표상보다 더하고 사물보다 덜한" 것이라는 베르그송의 정의를 고수할 경우, "정통 베르그송주의에서는 진정한 운동과 지속이 갈수록 '이미지'의 지위를 갖지 못하게 될 것이라는 점이 증명되어야만 하기 때문이다."[35] 그리하여 『운동-이미지』와 『시간-이미지』를, 베르그송의 개념들을 영화에 적용한 단순한 되풀이로 환원하는 것은 정당화되지 않는다. 들뢰즈는 운동-이미지와 시간-이미지라는 자기 고유의 개념들을 만들어낸다.

이제 이 두 이미지를 근본적으로 분화시키는 것을 한정해야 한다. 앞서 보았듯이, 모든 이미지는 궁극적으로 지속의 이미지, 즉 전체 혹은 열려 있는 것의 이미지이다. 운동-이미지와 시간-이미지 사이의 근본적인 차이점은 운동-이미지는 시간에 대한 *간접적인 이미지*이고, 시간-이미지는 시간에 대한 *직접적인 이미지*라는 데에 있다. "역전이 발생하는 것은 바로 거기에서이다. … '빗장에서 풀려난 시간'. 시간은 자신에게 세계 안에서의 행동들과 세계의 운동들을 설정해 주는 빗장에서 풀려난다. 이것은 더 이상 운동에 의존하는 시간이 아니라, 시간에 의존하는 비정상적인 시간이다. *감각-운동적 상황→시간에 대한 간접적인 이미지의 관계*는 위치를 확정지을 수 없는 관계인 *순수하게 시각적이고 청각적인 상황→직접적인 시간-이미지의 관계*로 대체된다."[36]

시간은 운동을 통해 사유될 수 있기 때문에, 운동-이미지는 시간을 운동에 종속시킨다. 반면 시간-이미지는 시간을 운동에 대한 사유 이전에 위치시킨다. 들뢰즈가 '감각-운동 도식'이라고 부르는 것은 운동-이미지를 특징짓는다. 이는 하나의 지각 이후에 운동적인 반작용이 뒤따르고, 이 둘 사이의 간격(뇌)이 나를 움직이게 한다는 사실을 가리킨다. 내가 하나의 이미지를 지각할 때, 나의 몸은 운동적 반작용을 통해 이 지각에 응답한다. 감각-운동 도식은 물질을 지시하기 위한 또 다른 이름일 뿐이다. 그리하여 이미지들은 자신들의 모든 측면에서 작용과 반작용을 통해 움직인다. (하지만 영화는 또한 자신들의 특정한 측면들에서, 규정된 측면들에서 반응하는 이미지들을 보여줄 수 있다.) 감각-운동 도식을 보여주는 것은 몽타주이다. 몽타주는 이미지들이 서로 조화를 이루도록 하고, 그 결과 이미지들은 서로 어울려 전체를 형성한다. 몽타주에 대한 이러한 개념화는 세 가지 수준과 관련된 운동-이미지의 본론에 해당한다. "닫힌 체계들에 대한 규정, 체계의 부분들 사이에서 성립하는 운동에 대한 규정, 운동 안에서 표현되는 변화하는 전체에 대한 규정."[37] 몽타주의 속성이란 시간의 이미지인 이 전체를 드러내는 것이다. 우리는 이미지들을 *상호관계* 속에 배치하면서 시간에 대한 간접적인 이미지를 얻게 되는데, 이때 이 간접적인 이미지는 닫힌 체계 속에 있으면서 통일성을 띠고 있는 이미지들 자체와의 관계에 종속되어 있다. 시간-이미지가 출현하면서, 닫힌 체계의 이미지화(mise en image)와 감각-운동 도식의 이미지화는 사라진다. 시간-이미지에서 중요한 것은 어떻게 이미지들이 서로에게 반응하는가를 보여주는 것이 아니라, 서로 연결되지 않은 것, 즉 서로 아무런 관련도 없는 것으로 나타날 수 있는 두 이미지 사이의 간격을 분명하게 드러내는 것이다.

운동-이미지의 경우에, "시간은 간접적인 재현으로서만 운동과 구분된다. 흐름으로서의 시간은 운동-이미지 혹은 연속적인 숏(평면)들로부터 생겨난다. 하지만 통일체 혹은 총체성으로서의 시간은 시간을 운동이나 숏(평면)들의 연속에 연관시키는 몽타주에 의존한다. 그 이유는 운동-이미지가 근본적으로 시간에 대한 간접적인 재현과 관련되어 있는데다가, 우리에게 직접적인 드러남 또는 현현(顯現), 즉 시간-이미지를 제시해 주지 않기 때문이다. …(시간-이미지에는 종종 운동-이미지가 희박하게 포함되기도 하지만) 시간-이미지는 운동의 부재를 함축하는 것이 아니라 종속의 역전을 함축한다. 시간은 이제 더 이상 운동에 종속되지 않고, 운동이 시간에 종속된다."[38]

공간에 대한 물음

그리하여 들뢰즈와 더불어 우리가 해결해야 할 것은 운동-이미지와 시간-이미지라는 두 개의 커다란 종류의 이미지들(이미지들 자체는 상이한 유형들로 분류된다)이다. 그런데 영화는 또한 공간의 예술이기도 하다. 들뢰즈의 분석은 영화가 공간의 예술이라는 사실을 무시하는 것처럼 보이는데, 그렇다면 들뢰즈의 분석에서 시간의 차원을 어떻게 분절할 것인가. "들뢰즈는 영화적 이미지라는 주제에 착수하여 시간과 운동이라는 두 요소는 탐구하면서, 공간 개념에는 그다지 중요성을 부여하지 않고 있다."[39] 사실 운동-이미지와 시간-이미지 사이의 본질적인 차이가 그들 각각이 시간과 맺는 관계와 관련되어 있다면, 최소한 이 구분은 분명 공간을 함축하는 것은 아니다. 하지만 공간을 사유하지 않은 채 실제로 운동과 시간을 사유할 수 있을까.

영화가 회화나 조각과 동일한 자격을 가진 시각예술이라는 것은 분명하다. 또한 유성영화 이래로 사운드 트랙은 분명히 자신만의 고유한 자율성을 획득해 왔다. 하지만 우리가 영화를 시청각예술이라고 생각하더라도—게다가 들뢰즈는 시간-이미지라는 특정한 영화에 대해 시청각예술이라고 사유하는데[40]—우리는, 일정한 표면을 점유하고 있고, 특히 우리로 하여금 영화화한 어떤 공간을 보게끔 하는 스크린을 빼놓은 채 영화에 대해 생각할 수는 없을 것이다. 전통적으로 운동은 시간적이면서 동시에 공간적인 것으로 여겨져 왔다. 어떤 것은 주어진 공간과 주어진 시간 안에서만 움직일 수 있다. 하지만 앞서 보았듯이, 들뢰즈는 베르그송을 따라 이러한 개념을 거부했고, 운동을 일련의 움직이지 않는 포즈들로 나누어질 수 있는 것으로 생각하기를 거부했다. "들뢰즈의 기획은, 이러한 분석들과 베르그송적인 문제틀의 장점을 보존하면서 영화를 (공간화하지 않았다는 의미에서) 순수한 시간의 예술로 사유하고자 하는 의지라고 정의할 수 있을 것이다."[41]

『운동-이미지』와 『시간-이미지』 사이에는, 이제 더 이상 시각적인 예술로서가 아니라 (시간의 구조를 가시화시키는 것이 목적인) 시간의 예술로서 고려되는 영화에 대한 점진적인 탈공간화가 작동되고 있다. 운동-이미지에는 여전히 시간을 종속시키는, 그럼으로써 공간 안에 위치하는 과정에 시간을 종속시키는 운동에 대한 개념화가 존재한다. "운동-이미지에는 두 측면이 있다. 그 중 대상들과 관계하는 한 측면은 대상들의 상대적인 위치를 변화시키고, 전체와 관계하는 다른 한 측면은 전체의 절대적인 변화를 표현한다. 위치들은 공간 안에 있지만, 변화하는 전체는 시간 안에 있다."[42] 하지만 들뢰즈는 지속의 움직이는 단면으로서의 운동-이미지들이 시간의 이미지들이라는 사실을 강조할 때뿐만 아니라, 시간에 대한 순수한 이미지라고 간주된 것이 운동-이미지였던 간접적인 이미지로 대체되는 것을 설명하고자 할 때에도, 영화의 바로 그 공간적인 차원을 숨기고 싶어하는 것처럼 보인다. 왜냐하면 시간에 대한 간접적인 이미지로서의 운동-이미지는 여전히 공간과 관련되며, 시간에 대한 간접적인 이미지는 공간에 대한, 따라서 연장(étendue)에 대한 모든 언급과는 독립적으로 사유될 수 있는, 시간에 대한 순수한 이미지가 아직은 아니기 때문이다. 운동-이미지는 특정한 공간 안에서 보여지는 것으로 주어진다. 즉 작용과 반작용이 있기 위해서는 특정한 거리가 있어야만 한다. 시간-이미지와 더불어, 들뢰즈는 이미지의 또 다른 차원으로 이행한다. 앞서 말한, 이미지의 한 차원에서 다른 차원으로의 이행은 그리하여 다음의 용어들로 사유된다. 즉 "이미지의 또 다른 차원으로의 이행 가능성은, 불완전한 형상—이것은 운동인데, 불완전한 형상은 언제나 운동을 연장과 동일시하는 분석을 하기 쉽기 때문에 불완전하다—을 통해 여전히 공간에 속해 있는 것에 대한 언급들로부터 드러나지만, 직접적으로 시간성의 차원에 이르러야만 한다.[43]

운동−이미지에서 시간−이미지로의 이행이 작동하고 있다. 그것은 여전히 공간화해 있는 이미지에서 연장적인 성격을 전혀 고려하지 않은 채 사유되는, 시간에 대한 순수한 이미지로의 이행이다. 그런데 앞서 말했듯이, 영화는 시각적인 것에 대한 예술이다. 이 지점에서 우리는 *이른바 칸트적인 문제*틀에 직면하게 되는데, 이는 다음과 같은 문제들을 제기한다.

"만일 시간이 그 본성을 변화시킴으로써만 감각 가능한 것이 된다면, 시간은 어떻게 실제로 시각적인 것이 되는가. …그리하여 우리는, 영화는 시간의 본성을 변화시킴으로써만 시간을 자체 내에 기입할 수 있다고 권리상(en droit) 결론짓게 될 것이다. 베르그송의 용어로 하면 지속은 공간적인 범주들을 본뜬 재구성으로 대체될 것이고, 칸트의 용어로 하면 내감(內感)에 대한 순수 지각은 그 자체가 내적인 것이기 때문에 외적인 재현의 모든 가능성을 배제한 채 일련의 선험적인 성찰들을 통해서만 획득된다."[44]

들뢰즈는, 시간−이미지를 특징짓는 것은 운동−이미지에서처럼 필연적으로 세계의 공간과 상관적으로 전개되는 연대기적인 시간이 아니라, '비연대기적인' 시간이고 순수 시간이며 초월적인 형태의 시간이라고 설명함으로써 이 문제를 해결한다. 여기에서 시간에 대한 두 개의 커다란 범주가 나온다. 하나는 운동과 공간화한 시간을 참조해서만 측정될 수 있는 연대기적인 시간이고, 다른 하나는 현존하지만 재현되지 않는, 시간−이미지 고유의 순수 시간이다.

하지만 들뢰즈의 이러한 노선을, 특히 다양한 종류의 시간−이미지들을 가로지르는 순수 시간의 '가시화(monstration)'라는 가설과 관련해서, 끝까지 따를 수 있을까. 들뢰즈가 직접적인 시간−이미지에 대한 자신의 테제를 옹호하기 위해서 공간적인 성격을 띤 방법들을 어쨌거나 참조한다는 사실에서 출발한다는 것을 고려할 때, 공간적 차원을 분리시켜 놓으면 문제가 생긴다는 것을 인식해야만 한다. 이보네 슈필만 (Yvonne Spielmann)은 다음과 같이 강조한다. 들뢰즈가 "크리스탈, 공, 거울 등의 표현을 토대로 시간 개념을 정초할 경우, (그는) 공간적 소여들(données)을 따르지 않으면서도 공간적 소여들에 관한 메타포들을 가지고 작업하는 셈이다."[45] 예를 들어 크리스탈에는 세 가지 차원이 있지만, 『시간-이미지』에서 크리스탈은 순전히 시간적인 기능을 가리키기 위해서 사용된다. 공간성에 대한 모든 참조를 배제하는 것은 공간적 소여들에서 출발하지 않고서는 사유될 수 없는 시간에 대한 순수한 이미지를 제시하기 위해서이다. (시간은 현재가 하나의 점인 직선으로 사유된다.) 이러한 이유에서 들뢰즈는 오선 웰스(Orson Welles) 영화의 시야 심도(profondeur de champ)를 시간적인 관점에서 분석한다. "시야 심도에는 많은 기능들이 있으며, 그러한 기능들은 직접적인 시간-이미지 안에서 서로 결합하는 것처럼 보인다. 이것이 시야 심도의 특성일 것이다. 다시 말해, 시간이 운동에 종속되는 것을 역전시키고 시간을 그 자체로 보여주는 것이 바로 시야 심도의 특성일 것이다."[46] 하지만 『운동-이미지』에서 들뢰즈는 여전히 시야 심도를 공간적인 용어들을 통해서 말하고 있다. "반대로 르누아르(Renoir)나 웰스에서 운동들의 집합은 서로의 곁에서가 아니라면 결코 전개될 수 없는 관계와 작용과 반작용들을 세우는 방식으로 심도 안에서 배분된다. 여기에서 숏의 통일성을 이루는 것은 더 이상 고립되어 있지 않고 서로 겹쳐 있는 다양한 숏들 안에서 포착된 요소들 사이의 직접적인 관계이다. 가깝고도 먼 부분들의 관계가 이러한 통일성을 이루는 것이다."[47]

　『시간-이미지』에서는 시야 심도가 시간의 크리스탈이 되는 데 비해, 『운동-이미지』에서는 시야 심도가 용어상 공간적인 의미로 이해되는 다양한 숏들(전경, 후경 등)로부터 이미지의 통일성을 창조해낸다. 영화는 운동과 시간 사이의 관계들의 역전을 특징으로 하는 진화로 알려져 왔고, 시야 심도의 공간적 성격은 순수한 시간관념을 위험에 빠뜨리게 하는데, 자신의 공간적 성격을 상실하는 시야 심도와 더불어 우리가 보았듯이, 들뢰즈 스스로도 이 두 권의 책 사이에서 자신의 생각을 변형시킨다. 1권에서 2권으로 넘어가면서 이미지의 시간화가 이루어지고, 이와 함께 숏의 공간적 성질도 사라지게 된다.

2. 이행을 위치짓기

이러한 이행의 영화적 드러남들

운동-이미지와 시간-이미지의 구분 원리는 시간에 대한 간접적인 이미지에서 직접적인 시간-이미지로의 *이행* 안에 존재한다. 이 이행이란 무엇이며, 이 이행은 어떻게 자리매김할 수 있는가.

운동-이미지에는 지각-이미지, 정감-이미지, 행동-이미지라는 세 개의 변이태가 있다. 그런데 정감-이미지와 행동-이미지 사이에 네번째 이미지로 일종의 매개적인 이미지인 충동-이미지를 추가할 수 있다. 이러한 이미지의 범주들 각각이 나타내는 바를 이해하기 위해서는 베르그송의 말을 다시 떠올려 보아야 한다. 즉 이미지는 지각이고, 지각은 간격이며 반작용이라는 것을 환기해야만 한다. 지각은 간격의 첫번째 측면에 관계되고, 행동은 간격의 두번째 측면에 관계된다. 정감은 간격을 채우지도 메우지도 않은 채 간격을 점유한다. 하지만 만일 지각과 정감이 존재했다면, 작용만이 있을 뿐이다. 우리는 이 이미지들 각각에 관련된 세부적인 것들을 자세히 다루지는 않을 것이다. 이 글의 목적은 그런 것이 아니기 때문이다. 본질적인 것은 이러한 세 가지 이미지들이 공통적으로 운동-이미지들이 된다는 것, 즉 앞서 말한 이유들 때문에 간접적인 방식으로 시간을 재현한다는 공통점을 가진다는 것이다.

영화에서 운동-이미지로부터 시간-이미지로의 이행을 특징짓는 이러한 역전은 다음의 다섯 가지 요인들을 포함하는 영화의 실제 위기에 따라 발생한다.

—포괄적인 상황의 사라짐, 등장인물들 사이의 갈등 상실, 주요 등장인물 즉 '주인공'의 부재. 이는 영화에 통일성을 제공해 주고 감각-운동 도식을 물질화하는 전통적인 몽타주의 죽음의 토대가 된다.

—'우주의 선(ligne d'univers)'의 상실, 앞에서 공간에 관해 언급한 것의 드러남. 공간은 더 이상 사건들이 서로서로 안에서 이어지는 장소이기를 멈추며, 통일성을 상실하고 연결되기 힘든 부분들로 나누어진다. 이제부터 사건들은 오로지 우연일 뿐이어야만 하고, 더 이상은 그 무엇도 사건들을 전체로 포착하지 못하게 한다. 그리하여 "생략은 이야기의 방식이기를, 어떤 행위가 부분적으로 드러난 어떤 상황으로 이어지는 방식이기를 멈춘다. 원래 생략이란 사건 자체에 속해 있는 것이며, 현실은 분산적이고 공백이 있는 것이다."[48]

—어슬렁거리기(balade)의 출현. 어슬렁거리기는 임의의 공간에 위치하고 있으며, 그 자체로 행동-이미지의 상실을 보여주는 증거이다. 등장인물들은 자신들에게 닥친 것에 반응하지 않은 채 떠돌아다닌다. 예를 들어 빔 벤더스(Wim Wenders)의 영화들에서 볼 수 있는 것처럼, 무언가를 이해하고 깨닫기 위해 시작하는 여행은 더 이상 중요하지 않다. 어슬렁거리기는 "역사, 플롯 혹은 행위만큼이나 공간을"[49] 해체한다.

—이러한 요인들을 하나로 묶어 주는 유일한 것으로서의 상투적인 것들에 대한 자각. "이러한 부유하는 이미지들, 즉 익명의 상투성들은 외부세계 속에서 순환하며 스스로를 꿰뚫고 제각기 내부세계를 구성한다. 그 결과 각 상투성은 자신을 둘러싸고 있는 세계 안의 여러 상투성들 가운데 하나가 되기 때문에, 자신 안에 심리적인 상투성들만을 가질 뿐이고 심리적 상투성들을 통해 사유하고 느낀다."[50] 그리하여 상투성의 출현은 외부와 내부 사이의 모든 차이를 무화시킨다.

—상투성들을 순환하게 하는 힘(Pouvoir)의 조직체인 음모(陰謀)의 고발. 이 힘은 더 이상 '마법적인 중심'[51]에 의해 구현되지 않고 오히려 확산되며, 힘의 확산 수단이기도 한 매체들과 혼동된다. [프리츠 랑(Fritz

Lang)의 '마부제(Mabuse) 시리즈'에서 처음 두 작품 참조]

영화는 변화해야 하며, 달라져야 한다. "어떻게… 영화가 상투성들의 어두운 조직화를 드러낼 수 있을 것인가. 영화가 잡지나 텔레비전 못지 않게 그러한 조직화의 생산과 보급에 참여하고 있는데 말이다."[52] 이러한 위기에 뒤이어 등장하는 것이 시간-이미지이다. 시간-이미지 역시 시간에 대한 순수한 이미지를 지향한다는 공통점을 갖는 여러 요인들, 영화적 기호들에 의해 특징지어진다. 그 요인들은 다음과 같다.

— *순수하게 시각적이고 청각적인 상황들*: 시각기호들(opsignes)과 청각기호들(sonsignes). 이러한 기호들은 행위들로 이어지지 않고 "시간, 사유와의 직접적인 관계 속에서 의미들을 자유롭게 하기 때문에,"[53] 시간의 순수한 나타남이다. 시각기호들과 청각기호들은 시간과 사유를 감각 가능하게 하는 역할을 한다. 그리하여 우리는 앞에서 칸트와 관련해 언급했던 문제에 다시금 맞닥뜨리게 된다. 현상의 *선험적(a priori)* 조건으로서의 시간 그 자체는 경험적인 것이 아니다. 들뢰즈는 시간-이미지를 통해 고전 철학자들에게는 감각 가능하지 않은 것, 즉 시간과 사유를 가시적인 것으로 만들려는 거의 불가능한 일을 시도한다.

— *운동은 '비정상적인 운동'이 된다*. 그리하여 시간은 모든 운동적인 연결에서 자유로워진다. 운동이 시간을 간접적으로 측정하기 때문에, 시간-이미지와 함께 운동은 정상적인 것, 즉 시간의 수(nombre)라고 말해진다. 운동은 비정상적인 것이 될 때 자신의 중심을 잃어버리고 더 이상 시간의 수가 아니게 되며, 동시에 시간은 직접적으로 솟아오를 수 있고 운동에 시간이 종속되는 것을 역전시킬 수 있다. 비정상적인 운동은 정상적이라고 말해지는 운동에 비해 근본적이다. 또한 역사적으로는 운동-이미지 이후에 시간-이미지가 등장하지만, 비정상적인 운동은 이상하게도 기원으로서 나타난다. "비정상적인 운동이 드러내는 것은 전체로서의 시간이고, '무한한 열림'으로서의 시간이며, 운동성에 의해 정상적인 운동이라고 정의된 모든 운동에 선행하는 것으로서의 시간이다.

시간은 모든 행위의 규칙적인 전개에 선행해야 하며, '우리의 운동성의 경험에 완전히 연결되지 않는 세계의 탄생'[54]이 존재해야만 한다." 시간-이미지에서 비정상성은 그 자체로 가치있는 것이며, 자신의 직접적인 원인으로서의 시간을 가리킨다.

— '통약불가능성(incommensurable) 혹은 무리수적 절단들(coupures irrationnelles)의 지배'.[55] 운동-이미지의 영화에서는 이미지들이 서로 연결되는 것이 중요하다. 하지만 이러한 요구가 시간-이미지의 영화에서는 새로운 유형의 연결을 위해 사라지게 된다. 이미지들은 매번 재연결된다. 달리 말해, 중요한 것은 두 이미지 사이의 연속성(continuité)이 아니라 두 이미지 사이에 존재하는 틈이다. 이른바 '무리수적' 절단들이 중요한 것이다. 오히려 간격은 그 자체로 가치있는 것이기 때문에, 두 이미지들 사이의 절단, 즉 첫번째 이미지의 끝과 두번째 이미지의 시작 사이의 절단은 더 이상 고려할 만한 문제가 되지 않는다. 역전되어 있는 것은 바로 시간에 대한 모든 개념이다. 운동-이미지의 연대기적인 시간은 시간-이미지의 순수한 시간으로 대체된다. 이미지들은 더 이상 유리수적인 방식으로 연결되지 않기 때문에, 연대기적인 시간은 사라질 수밖에 없다. 그리하여 시간은 '계열(系列)'로서 이해된다.

—이미지는 읽을 수 있는 것이 된다. 유성영화와 함께 이미지는 그 자체가 부각되며, 자율적인 것이 된다. 말은 이미지가 보여주는 것을 지시할 필요가 없다. "들리는 말은 보여주거나 보여지기를 멈추고 시각적 이미지로부터 독립적인 것이 되고, 따라서 시각적 이미지는 사물들에 대한 새로운 독해 가능성에 도달하며, 읽혀야만 하는 고고학적이거나 지층학적인 하나의 지층이 된다.…"[56]

사실 시간-이미지의 상이한 특징들을 방법적으로 운동-이미지와 대립시켜 분류하기란 지극히 어려운 일이다. 하지만 이 네 가지 요인들은 실제적인 영화의 기호들이기 때문에 특히 결정적인 중요성을 가진 것처럼 보인다.

이러한 단절의 성격을 어떻게 규정할 것인가

들뢰즈는 운동-이미지에서 시간-이미지로의 이행을 설명하기 위해 영화의 위기에 대해 이야기한다. 우리는 이러한 위기가 무엇인지 탐구하고, 위기의 이유들이 무엇인지를 제시하고, 더 나아가 운동-이미지에서 시간-이미지로의 이행의 본성이 무엇인지를 파악하려고 해야 한다. 일단 이 위기의 원인들이 다양하다고 해 보자. 그 증거로 『운동-이미지』에서 끌어 온 다음 인용문을 들 수 있다. "행동-이미지를 뒤흔든 이 위기는 순전히 전후에 작용한 많은 이유들에서 비롯된 것이었는데, 그 이유 중 일부는 사회적 경제적 정치적 도덕적인 것이었고, 다른 일부는 예술, 문학 그리고 특히 영화에서의 보다 내적인 이유였다. 순서에 상관없이 그 이유들을 들어 보자. 전쟁과 그 결과들, '아메리칸 드림'의 전면적인 동요, 소수자들의 새로운 의식, 외부세계 및 사람들 머릿속에서의 이미지들의 대두와 과잉 증가, 문학이 실험했던 새로운 이야기 방식이 영화에 미친 영향, 할리우드와 과거 장르들의 위기…."[57]

영화의 위기는, 처음에는 역사와의 긴밀한 연관하에 등장했다. 들뢰즈는 이른바 시간-이미지의 영화가 등장하는 시기를 제이차세계대전 이후라고 분명하게 못박고 있지만, 또한 지리학적으로도 경계를 제시한다. "왜 프랑스나 독일보다 이탈리아가 먼저인가. 그것은 본질적이지만 영화에는 외적인 이유",[58] 즉 이탈리아는 전쟁의 승전국이 아니었다는 이유 때문일 것이다. 독일과 비교해, 이탈리아의 영화 제도는 상대적으로 파시스트 정권으로부터 독립적이었던 데다, "다른 한편으로는 비록 환상이 결여되어 있기는 해도 압제의 저변에 깔려 있는 저항과 민중의 삶을 떠올리게 할 수 있었기"[59] 때문일 것이다. 전후 이탈리아의 역사적 상황은 전통적인 도식들을 위기에 처하게 했고 나아가 그 위기를 촉진시켰다. 그래서 이탈리아 네오리얼리즘이, 역사적으로 그리고 연대기적으로 시간-이미지가 첫번째로 그 모습을 드러낸 것이라고 말할 수 있다. 현대성의 영화의 탄생에 대한 이러한 이론은 들뢰즈 고유의 것이 아닐뿐더러, 세부적인 사항들에까지 들어가지 않더라도 오늘날에도 여전히 문제거리라는 데 주목해야 한다. 하지만 들뢰즈는 그 이론의 타당성 여부를 논하지 않은 채 그대로 도입하고 있다.

영화의 영역에서 네오리얼리즘의 진행을 설명하기 위해서는 *경제적* 요인도 고려할 필요가 있다. 제이차세계대전 이후, 이탈리아는 폐허였다. 전후 이탈리아의 경제적 상태를 보여주는 파괴된 도시들은 네오리얼리즘 영화들의 무대장치로 사용된다. 파괴된 도시들은 '임의의 공간' 형태를 띠고 있으며, 이러한 공간들은 전쟁 전 영화의 리얼리즘적 공간들과 대립된다.

하지만 경제 상황만으로는 영화에서 일어난 진정한 변화의 새로움과 시간–이미지의 새로움을 설명하기에 충분하지 않다. 이러한 위기를 분명히 하기 위해서는 영화의 본질에 대해 물음을 던져야 한다. "니체의 표현을 따르자면, 새로운 어떤 것, 새로운 예술은 결코 맨 처음 시점에서는 자신의 본질을 드러낼 수 없지만, 그후에는 오로지 자신의 진화라는 우회로를 통해서 자신의 본질을 드러낼 수 있다."[60] 이는 영화에 고유한 진화인 운동–이미지에서 시간–이미지로의 변화에 대해 들뢰즈가 생각하고 있는 것과 딱 맞아떨어진다. 역사적 사회적 경제적 조건들은 영화의 본질이 더욱 완전히 드러나게 하는 데 도움을 준다. 영화에 영향을 미치는 위기란 영화 자체에 고유한 것이며, 따라서 중요한 것은 *영화의 위기*, 즉 영화가 언제나 자신 안에 포함하고 있는 위기이다. "그런데 행동–이미지의 위기는 새로운 것으로 제시될 수 있는가. 행동–이미지의 위기는 영화의 불변적인 상태가 아닌가"[61]라고 들뢰즈는 자문한다. 두 종류의 답변이 가능하다. 우선 영화의 고전적 형식들은 자신들이 보여주어야 했던 것의 한계에까지 이르렀기 때문에 이미 자체 내에 자신의 소멸을 포함하고 있다는 답변이 가능하다. "사실상 미국 영화의 장점이었다고 할 수 있는 것은, 미국 영화 자체를 질식시키는 기존의 전통이 없는 상태에서 생겨난 것으로, 이제는 자신을 공격하고 있다. 왜냐하면 이 행동–이미지의 영화는 대부분의 경우에 부정적으로만 벗어날 수 있는 하나의 전통을 자기 스스로 만들어냈기 때문이다."[62] 하지만 다른 차원에서는 영화를 자신의 총체 내에서, 니체의 말처럼 탄생 이후 아주 오랜 후에야 진정으로 자신의 충만함에 도달할 수 있는 과정으로 보아야 한다는 답변도 가능하다. "그리하여 새로운 이미지는 영화의 완성이 아니라 변환(mutation)"[63]이라는 것을 정확히 이해하는 것이 중요하다. 위기란 이전의 영화와는 더 이상 아무런 공통점도 없는 새로운 영화를 탄생시키기 위해 기존의 특정한 유형의 영화를 완전히 없애 버리는 것이 아니다. 위기는 시간이 사유되는 방식 안에서 변형, *변환*을 작동시킨다. 엄밀히 말해, 우리가 목격하고 있는 것은 새로운 영화의 탄생이 아니라 영화의 진화에서 근본적인 전환이다.

고전 영화와 현대 영화의 대립

들뢰즈의 영화에 대한 성찰은 운동-이미지와 시간-이미지를 구분하는 이원론에 기초하고 있다. 이러한 이원론은 고전 영화와 현대 영화 사이의 대립을 구성요소로 하는 또 다른 이원론을 가리킨다. 이 두 이원론은 동일하며 완전히 교환 가능한가. 이 물음은 단순한 것이 아니다. 들뢰즈는 『시간-이미지』의 총괄적인 결론에서 한편으로는 운동-이미지와 고전 영화를, 다른 한편으로는 시간-이미지와 현대 영화를 혼동하고 있는 것처럼 보인다. "*고전 영화에서 현대 영화로, 운동-이미지에서 시간-이미지로의 이행*에서는 시간기호(chronosignes)만이 아니라 정신기호(noosignes)와 가독기호(lectosignes)도 변화한다. 왜냐면 한 체제에서 다른 체제로의 이행들을 증식시키는(multiplier) 것이 언제나 가능한 만큼이나, 그 이행들의 환원 불가능한 차이들을 강조하는 것도 가능하기 때문이다."[64] 들뢰즈는 운동-이미지와 시간-이미지라고 말해야 할 것 같은 맥락에서 종종 *현대 영화*와 *고전 영화*라는 표현을 사용한다. "이른바 현대 영화에서는 그것이 처음 등장할 때부터 (고전 영화에서와는) 다른 일이 이루어진다. …그것은 감각-운동 도식이 더 이상 작동하지 않는다는 것이다."[65] 요스트 라센스(Joost Raessens)는 이러한 혼동을 비판하면서 영화적 근대성이 장소로서 운동-이미지와 사유의 이미지를 가진다고 지적한다. "영화적 근대성은 운동-이미지, 시간-이미지, 사유라는 상이한 세 가지 형식들 아래에서 실현되었다."[66] 이러한 주장을 뒷받침하기 위해 라센스는, 영화적 근대성이 미분적 사유의 문제틀에 기초하고 있는 것은 시간을 계열로 보기 때문임을 보여준다. 들뢰즈는 계열을 다음과 같이 정의한다. "계열은 일련의 연속된 이미지들이다. 하지만 연속된 이미지들은 그 자체로 하나의 한계를 향하고 있다. 이 한계는 첫번째의 연속(앞선 것, l'avant)에 방향을 부여하고 이끌며, 계열로서 조직된 또 다른 연속의 원인이 되고, 이 다른 연속은 또한 그 자체로 다른 한계(뒤따르는 것, l'après)를 향하고 있다. 그리하여 앞선 것과 뒤따르는 것은 이제 더 이상 시간 흐름의 연속적인 한정(déterminations)이 아니라, 역량(puissance)의 두 측면이거나 하나의 역량에서 우월한 역량으로의 이행이다."[67] 계열로서의 시간은 하나의 역량에서 우월한 다른 역량으로의 이행이지, 앞선 것과 뒤따르는 것의 연대기적인 전개가 아니다.

요스트 라센스의 논증을 좀더 자세히 살펴보자. 운동-이미지는 수평적 조직체로서의 시간-이미지에 대립되는, 이미지들의 수직적인 조직체다. *수직적 조직체*를 특징짓는 것은 몽타주를 따라 연결되면서 전체 안에서 통합되는 이미지들이다. 수평적 조직체는 (본래 들뢰즈의 주제인) 바깥(Dehors)이라는 주제를 위해 전체라는 주제를 포기하는 것으로 특징지어진다. 이 바깥이라는 주제는 영화에서 개별 이미지들이 보여주는 것에 우선권을 제공해 준다. "우리에게는 더 이상 다른 이미지 *이후의* (*après*) 이미지가 중요한 것이 아니라, 또 다른 이미지를 *더한*(*plus*) 하나의 이미지가 중요한 것이다. 이러한 새로운 연결 과정은 영화를 계열적이거나 무조적(無調的)인 것으로 나타나게 한다."[68] 감각-운동 도식의 단절 이후, 지각은 행위로 직접 이어지지 않기 때문에 이미지들은 더 이상 서로 연결될 수 없다. 그리고 지각이 더 이상 자신의 상관물인 행위와 직접적으로 연결되지 않을 때, 회상 즉 기억에 의해 채워질 수 있는 간격이 생겨난다. 영화적 근대성은 시간의 가장 중요한 특징을 볼 수 있게 해준다. 회상-이미지, 꿈-이미지 그리고 세계-이미지는 현실적인(actuel) 것으로 남아 있는 반면, 잠재성(virtualité)은 크리스탈-이미지 안에 나타난다. 시간의 잠재성은 과거의 층들과 현재의 점들 안에서 보여지게 되며, 이러한 두 개의 직접적인 시간-이미지는 시간의 선험적인 구조를 드러내 준다. "영화적 근대성의 특징은 이러한 시간의 선험적 구조가 나타난다는 것이다."[69]

하지만 감각-운동 도식의 간략한 단절들을 통해 알려져 있는 운동-이미지의 소위 고전적 시기에도 영화적 근대성은 마찬가지로 나타난다. "가장 순수한 행위의 영화들은 언제나 행위 바깥의 에피소드들 혹은 행위들 사이의 죽은 시간을 통해, 그리고 영화를 왜곡시키지 않고서는 몽타주에서 잘라낼 수 없는 여분의 행위들(extra-actions)과 하부 행위들(infra-actions)의 전체를 통해 가치를 가지게 되었다. (여기에서 제작자들의 가공할 만한 힘이 나온다.) 또한 영화의 가능성이나 장소들을 변화시키려고 하는 영화의 성향은 늘 감독들에게 행위의 통일성을 제한하거나 심지어는 제거하려는 욕망, 행위와 드라마와 플롯 혹은 역사를 해체하려는 욕망, 이미 문학을 관통하고 있었던 야망을 더 멀리까지 이르게 하려는 욕망을 불러일으켰다."[70]

이른바 시간-이미지의 현대 시기에 볼 수 있는 영화적 근대성은 미분적 사유의 재현을 함축하고 있으며, 본질적으로 계열로서의 시간과 관련된다. 이러한 시간의 형식은 이제 베르그송을 전혀 참조하지 않는다. 미분적 사유는 특히 『차이와 반복(Différence et Répétition)』[71]에서 구상된 것이기 때문에 시간의 형식은 분명히 들뢰즈의 개념이다. 궁극적으로 영화적 근대성이 아니라 들뢰즈의 미분적 사유의 근대성에 대해 말해야만 한다. "들뢰즈는 자신의 근대적인 미분적 사유를 가로지르면서 고전적인 사유에서 벗어나고자 한다."[72]

3. 철학의 역사와 영화의 역사

이것은 영화의 역사가 아니다

"이 연구는 영화의 역사가 아니다"라는 말은 『시네마 1』의 첫머리에 나온다.[73] 이어서 들뢰즈는 자신의 기획 의도를 분명히 밝히고 있다. "이것은 분류학으로서, 이미지와 기호들을 분류하려는 시도이다."[74] 즉 『시네마 1』은 베르그송의 이미지론에 영향을 받은 기호론적인 작업이다. 들뢰즈는 영화적 기호들에 깊은 관심을 가지고 있다. 왜냐하면 바로 이 기호들 안에서 이념들이 현실화하기 때문이다. 들뢰즈는 이미지를 운동-이미지와 시간-이미지로 분류하고, 더 나아가 운동-이미지를 지각-이미지, 정감-이미지, 충동-이미지, 행동-이미지로 분류한다. 하지만 이미지들 저 너머에서 밝혀내야만 하는 것은 기호들, 즉 특정하게 영화적인 기호들이다. 들뢰즈는 『운동-이미지』에서 미국 논리학자 퍼스 (Peirce)를 많이 인용한다. 하지만 들뢰즈의 분류는 퍼스의 분류와 큰 관련은 없다. 들뢰즈는 퍼스의 용어들을 사용하지만, 그 용어들은 원래 내용과는 완전히 다른 내용을 담고 있다. 『운동-이미지』에 나오는 용어의 대부분은 퍼스에게서 빌려온 것이지만, 그 의미는 들뢰즈에 의해 새롭게 부여된 것이다. 『운동-이미지』의 끝에 붙어 있는 어휘집을 살펴보기만 해도 이를 충분히 확인할 수 있다. "퍼스가 하나의 기호인 성질을 가리키기 위해 창조해낸 용어"인 *질기호*〔Qualisigne, 또는 능력기호 (*Potisigne*)〕라는 용어를 예로 들어 보자. 이 용어는 "*임의의 공간에서* 표현된(혹은 노출된) 것으로서의 정감을 가리키기 위해 사용된다."[75] 게다가 들뢰즈는 자기 나름의 기호 범주들을 창안해낸다.(시각기호, 청각기호, 시간기호, 가독기호, 사유기호…) 이러한 범주화는 매우 지루하고 무미건조하게 보일 수 있지만, 그것은 레다 벤스마이아(Reda Bensmaia) 의 말처럼 "영화라는 대상을 방사상으로 형태짓는 가공의 도구로, 이질적이고 다양한 형태를 띠는 영화 기호들의 다양성을 강조하는 가공의 도구로, 자신의 '신호적 질료(matière signalétique)'를 가진 가공의 도구로 급속하게 변형된다"[76]는 점을 받아들이게 될 것이다.

들뢰즈가 행하는 범주화는 매우 '이해하기 어려울' 뿐만 아니라 거기에 사용된 용어들도 과도하게 많아 보인다. 이러한 과도함은 '거의 부질없는 강박적 특성'에 대한 약간의 아이러니컬한 강조라고 볼 수 있다. "이러한 부질없는 강박적 특성과 더불어 기호론화(sémiologisation)는 본질적인 것, 즉 들뢰즈가 장차 영화—사유라고 부르게 될 것을 설명하는 데 철저히 실패했다."[77] 들뢰즈가 비난하는 것은 논리학이 아니라 언어학과 기호학이다. 왜냐하면 언어학과 기호학은 이미 만들어진 자기 고유의 개념들을 단지 영화에 적용하기만 할 뿐이라서 영화의 개념들을 밝혀내는 데 실패했고, 따라서 영화적 기호들에 대한 고유한 분석으로서 적합하지 않기 때문이다. 언어학은 이미지를 하나의 발화체(énoncé)로 환원하고, 그럼으로써 이미지 고유의 운동을 파괴한다. 들뢰즈는 『운동—이미지』에 대하여 "논리학에 대한 한 권의 저술, 영화에 대한 하나의 논리학을 만들어내려고 시도했다"[78]고까지 선언한다. 하지만 우리는 『시네마』가 역사적인 차원을 포함하고 있다는 사실을 부인할 수 없다. 파스칼 보니체르(Pascal Bonitzer)와 장 나르보니(Jean Narboni)는 들뢰즈에게 "당신의 책은 영화의 역사가 아니라 이미지들과 기호들에 대한 분류, 분류학으로 제시된다. …동시에 당신은 자신이 그러한 것을 역사로 만들고 있다는 것을 부정한다 해도, 사실은 그것을 역사적으로 다루고 있다"고 말하고 있으며, 들뢰즈 스스로도 이러한 사실을 잘 알고 있었다.[79] "사실, 이것은 어떤 의미에서 영화의 역사, 하지만 '자연사(histoire naturelle, 혹은 박물학)'로서의 역사이다."[80] 영화를 자연사로 다룬다는 것은 영화에 대해 단순히 역사적인 진화 과정을 밝히는 것, 즉 지나치게 우연에 종속되어 있는 분석을 뜻하는 것이 아니라, 영화의 이미지들과 기호들에 대한 이른바 과학적인 분류화를 의미한다.

들뢰즈의 『시네마』를, 영화에 대한 공시적인 기술(記述)을 함축하는 상이한 유형의 이미지와 기호들 대신에 역사적인 문제틀에 따라 읽어서는 안 될 이유는 전혀 없다. 사실 들뢰즈는 영화사에 등장하는 수많은 영화들을 체계적으로 사례로 들어 가며 이미지들과 기호들에 관한 이론을 만든다. "달리 말해, 이미지들과 기호들에 대한 분류는 우리가 지금까지 보아 온 것에 기초하여 이루어진다. 그리고 이 연구의 목적은 딱히 역사적인 시기가 아니라 오히려 자신의 총체 안에서의 영화 이미지들과 기호들이기 때문에, 이미지와 기호들의 역사에 대한 물음은 비록 그 물음이 이미지들과 기호들의 역사에 상응하는 관점에 따라 질서지어지지 않았다 하더라도 함축적인 것으로 보인다."[81] 그리하여 『시네마』는 필연적으로 들뢰즈가 행하는 이미지들과 기호들에 대한 분류를 정당화하는 특정한 영화 역사의 기초를 이룬다.

게다가 이는 이탈리아 네오리얼리즘이라는 전환점 주변에 배분되어 있는 고전 영화와 현대 영화를 구분하는 방식에서 명백하다. 이러한 전환점을, 최대한의 힘으로 영화의 본질을 드러내는 정점으로 보는 게 아니라, 이전에는 (부재한 것이 아니라) 잠재적일 뿐이었던 시간-이미지와 사유-이미지의 새로운 가능성들이 펼쳐질 수 있기 위해서 도달해야만 하는 역사적인 출발점으로 보아야 한다. 하지만 영화적 근대성이라는 관념에 대해 앞서 우리가 이야기했던 바를 잊어서는 안 된다. 영화적 근대성이라는 관념은 들뢰즈가 행하는 논리적인 구분과 정확히 일치하지는 않는다. 이런 의미에서 올리비에 팔레(Olivier Fahle)의 다음과 같은 언급은 매우 정확한 것이다. "들뢰즈는 특정한 유형의 이미지들 및 그것들의 조합의 발전이라는 차원에서 자연사에 관해 이야기한다. 그럼에도 이미지들의 조합은 역사적 발전에서 결론이 도출된다기보다는, 영화미학에 내재하는 가능성들을 특정 순간에 실현하는 누군가의 재능으로부터 결론이 도출된다."[82] 그 증거로 역사적으로는 운동-이미지의 시기에 속해 있으면서도 시간-이미지들을 생산해내는 오즈 야스지로(小津安二郎)의 경우를 생각해 볼 수 있을 것이다.

들뢰즈에게서 영화사의 지위는
철학사의 지위와 동일한가

들뢰즈가 작가의 개인적인 생산으로서의 철학과 철학의 역사 사이에 수립하는 관계는 매우 강력하다. 들뢰즈에게 철학사 없는 철학이란 존재하지 않는다. 모든 개념은 역사를 가진다는 들뢰즈의 말을 다시 떠올려 보도록 하자. 각각의 철학자들은 선대 철학자들이 만들어낸 개념들에서 출발하여 자기 고유의 개념들을 창안해낸다. 하지만 각각의 철학자는 자신에게 고유한 새로운 *내재성(內在性)의 평면*을 세울 때에만, 즉 새로운 사유의 이미지를 세울 때에만 자기 고유의 개념들을 창안해낼 수 있다. 들뢰즈의 내재성의 평면이라는 관념은 우리의 주제에서 벗어난 것이기 때문에 여기서는 더 이상 다루지 않을 것이다. 하지만 철학의 역사는 새로운 내재성의 평면들의 연속으로 구성되어 있다는 것을 이해해야 한다. 또한 철학의 역사는, 만일 개념들이 자기 고유의 가치를 가지고 있고(내재성의 평면들이 상이하기 때문에) 다른 개념들과의 관계에 따라 가치가 매겨질 수 없다면, 서로 관계없는 개념들의 단순한 병치가 아니라 역사를 형성하는 새로운 개념들로 구성되어 있다는 것을 이해해야만 한다.

그리하여 '철학사의 철학적 의미에 대한, 본질적으로 들뢰즈적인 물음'[83]을 강조해야만 한다. 사실 철학의 역사는 사유의 이미지들이 제시되는 방식의 역사이다. 더욱이 철학의 역사보다는 철학의 생성에 대해 말하는 것이 나을 것이다. "철학은 생성이지 역사가 아니다. 철학은 평면들과 공존하는 것이지 체계들의 연속이 아니다."[84] 그럼에도 불구하고 잘 알려져 있다시피, 들뢰즈는 다른 철학들보다 특정한 철학들에 더 가까운 듯이 보인다. 들뢰즈와 내재성에 대해 사유하는 철학자들(특히 그러한 이유 때문에 '철학자들의 왕자'라고 불리는 스피노자(B. de Spinoza) 사이에는 들뢰즈가 인정하는 연관성이 존재한다. 그리하여 철학자들은 철학의 생성에서 일종의 표지석에 해당한다. 들뢰즈는 철학자들 사이에서 특정한 철학자들에게 공통적인 연관성을 지적하기 위하여

화살에 대한 니체의 이미지를 사용한다. 이는 한 철학자에 의해 세상에 나타났다가 다른 철학자에 의해 몇 세기가 지난 후에 수용되고, 또 그러는 동안 수많은 철학에 의해 햇볕을 보게 되는 것을 가리킨다.

그런데 영화의 역사에 대해서는 어떠한가. 들뢰즈는 특정한 영화작가들을 선호하고 있는 듯이 보인다. 사실 여기에서 중요한 것은 선호이다. 오즈는 진정한 시간-이미지를 생산한다는 점에서 두드러지고, 특히 레네(A. Resnais), 고다르(J. L. Godard), 지버베르크(H. J. Syberberg)는 자신들의 영화를 통해 우리에게 사유의 이미지를 제시해 주고 영화가 뇌의 이미지라는 것을 보여주기 때문에 두드러진다. "내가 영화에서 흥미를 갖는 것은, 레네나 지버베르크의 영화에서처럼, 스크린이 뇌와 같은 역할을 할 수 있다는 점이다."[85] 특정한 영화작가들이, 들뢰즈 자신이 철학에 대해서 갖고 있는 생각과 동일한 생각을 영화에 대해서 하는 한, 들뢰즈는 『시네마』에서 수많은 영화작가들에 대해 언급하고 있지만 그 가운데에서도 특정한 영화작가들을 선택한다는 것은 분명하다. 하지만 이를 이해하기 위해서는 영화와 철학을 결합시켜 주는 관계들을 분명히 해야만 하고, 우리로 하여금 사유 이미지로서의 영화에 대한 분석을 완성하게 해주는 것이 무엇인지를 명확히 해야 한다. 게다가 철학사와 마찬가지로 영화의 역사도 자신의 작품들로만 평가될 수 있는 작가들로 구성되어 있지만(바로 이러한 이유로 들뢰즈는 두 개의 이미지들 중 어떠한 것도 다른 이미지보다 더 아름다울 수는 없다고 말한다), 이러한 작가들은 운동과 관련하여 시간의 비연대기화(déchronologisation)와 해방(émancipation)을 목적으로 하는 영화의 고유한 생성 안에 기입되어 있다.

철학하는 두 가지 방법,
개념을 창조하는 두 가지 방법?

"만일 이미지에 두 가지 성격이 있는 것처럼 두 가지의 철학이 있다면, 거기에는 개념들을 창조하는 두 가지 방법이 있을 수 있다. 이 책에서 가장 애매하고 어려운 부분은 바로 이와 관련되어 있다."[86] 들뢰즈는 운동—이미지와 시간—이미지를 구분한다. 다시 말해 대체로 고전 영화와 현대 영화를 구분한다. 하지만 그는 동시에 철학 또한 고전철학과 현대철학으로 구분한다. 어떤 관계가 이 두 차원을 연결시켜 주는가. 이 물음에 답하기 위해서는, 이 개념들을 창조하는 두 가지 방식들을 검토해 볼 필요가 있다.

칸트의 시간 개념이라는 주제에 대한 들뢰즈의 언급에서 출발해 보도록 하자. 칸트 이후로는 더 이상 시간을 운동에서 출발하여 사유할 수 없고, 대신 선험적 시간, 즉 순수한 시간을 사유할 수 있을 것이다. 영화에서 시간 개념의 역사는 철학에서 시간 개념의 역사와 완전히 동일하며, 시간 개념은 영화에서도 철학에서와 동일한 역전을 겪는다. "영화는 무엇보다도 운동—이미지이다. 이미지와 운동 사이에는 '관계'조차도 존재하지 않으며, 영화는 이미지의 자동—운동을 창조해낸다. 그리고 영화가 칸트적인 '혁명'을 행할 때, 다시 말해 시간을 운동에 종속시키는 것을 그만두고 운동을 시간에 종속적인 것(시간의 관계들이 드러나는 것으로서의 거짓 운동)으로 만들 때, 영화적 이미지는 시간—이미지가 되고 이미지의 자동—시간화(auto-temporalisation)가 된다."[87]

칸트와 더불어 특정한 철학적 근대성이 시작된다고 볼 수 있을 것이다. 하지만 칸트는 "이른바 선험적인 구조들을 심리학적 의식의 경험적인 작용들을 '본떠서' 만들기"[88] 때문에 스스로의 약속을 지키지 못하게 된다. 칸트는 처음으로 시간을 감각 가능한 경험의 *선천적인* 조건으로 만들었다. 그리하여 시간은 선험적인 것이 되고, 단지 경험 대상들에 영향을 미칠 뿐인 운동에 의존할 수 없다. 영화와의 유비(類比)를 이해하기 위해서는 들뢰즈가 영화를 이러한 역전, 다시 말해 '정확히 운동과 시간이 이미지 그 자체의 구성요소가 되는 한에서의'[89] *사유*의 역전을 감각 가능하게 하는 것으로 간주한다는 것을 알아야만 한다. 영화와 철학은 동일한 것은 아니지만, 서로 공명하는 문제들을 공유하고 있다. 바로 이것이 들뢰즈가 관심을 가지고 있던 것이다. "예를 들어 철학은 특정한 순간에 운동-시간 관계들의 변환을 작동시킨다. 영화는 이와는 다른 맥락에서, 다른 역사를 따라서 철학과 동일한 일을 행한다고 볼 수 있다. 이렇게 두 역사의 결정적인 사건들은 전혀 비슷하지 않으면서도 공명하게 된다."[90]

하지만 운동-이미지와 시간-이미지의 구분을 철학적으로 어떻게 이해할 수 있을까. 한편으로, 운동-이미지는 헤겔(G. W. F. Hegel)로 대표되는 고전철학과 상응하는 것처럼 보인다. 이런 점에서 체계에 대한 사상가들인 에이젠슈테인(S. Eisenstein)과 헤겔은 뚜렷이 비교된다. '영화에서 헤겔과 같은 에이젠슈테인' … 소비에트 유파의 몽타주는, 특히 에이젠슈테인의 경우에는 *변증법적* 몽타주이다. 들뢰즈가 변증법적 몽타주를 기술하는 방식은 분명히 헤겔이 개념의 구체화에 대한 변증법적 견해를 서술할 때 사용하는 어휘를 생각나게 한다. "이것은 구체화하거나 현존화하는 총체성(totalité)이다. 여기에서 부분들은 자신들의 전체적 조화(ensemble) 안에서 서로 관계하면서 생산되고, 전체적 조화는 부분들 안에서 재생산된다. 그리하여 이 상호적인 인과성은 전체적 조화의 원인, *그리고* 내적인 목적성을 따르는 부분들의 원인으로서의 전체(tout)를 가리킨다."[91] 『정신현상학(*Phänomenologie des Geistes*)』에 나오는 다음과 같은 구절만으로도 이를 충분히 뒷받침할 수 있다. "이렇게 각각의 계기는, 그것의 규정 가능성이 총체성으로, 혹은 구체적인 것으로, 혹은 이러한 규정의 특성 안에서의 전체로서 간주될 때에만 절대적으로 고려될 뿐이다."[92] 반면에 니체와 더불어 파스칼(B. Pascal)이라는 시대를 앞선 인물에 대해 많은 언급을 하고 있는 『시간-이미지』는 현대철학에 관한 것이다. 철학이 다음과 같이 사유한다는 것, 즉 철학이 "모든 창조는 특이한(singulière) 것이며, 글자 그대로 철학적인 창조로서의 개념은 언제나 특이성이다"라고 사유한다는 것을 현대철학을 통해 이해해야 한다. "철학의 제1원리는 이렇다. 보편적인 것들은 아무것도 설명하지 않으며 그 자체가 설명되어야만 하는 것이다."[93]

물론 들뢰즈는 이들 현대철학자 진영에 자리잡고 있다.(잘 알려져 있듯이, 들뢰즈는 헤겔을 혐오한다) 들뢰즈가 뭐라고 하든, 운동-이미지에 대한 시간-이미지의 특정한 우월성은 여기서 비롯된 것이다.

고전철학과 현대철학의 구분은 개념을 사유하는 두 가지 방식의 구분에 의거한다. (플라톤의 이데아처럼) 개념을 영원한 실재를 발견하는 것으로 간주하건, 들뢰즈처럼 개념을 구성이라고 간주하건 간에. 개념을 추상화와 일반화로 사유하는 것은, 들뢰즈에게는 특정한 고전주의의 표식이다. 이러한 도식은 감각-운동적 이미지에서 재발견된다. 감각-운동적 이미지는 "'추상화의 작인(作因)'으로, 자신의 중심 위에서 멈추게 하고 봉쇄하고 스스로를 다시 닫히게 하는 힘으로, 요컨대 위치지을 수 있고 명명할 수 있는 실재로"[94] 기술된다. 개념들을 창조하는 이러한 방법은 개념들을 진리의 요구에 종속시킨다. 그런 까닭에 개념들은 창조되지 않고, 응시된다. 이 개념들은 자신들에게 이름을 부여하는 모든 영원성에 앞서 존재한다. 개념을 인식하는 두번째 방법이 있는데, 그것은 〔니체, 키에르케고르(S. A. Kierkegaard), 베르그송을 따르는〕 들뢰즈의 방법이다. 즉 개념은 일반적인 진리의 무시간적인 예증(illustration)이 아니라, 역동적이고 움직이는 하나의 구성이다.

개념은 그 자체로 닫혀 있고 움직일 수 없는 하나의 통일체가 아니라, 공통적인 문제들의 교차점에서 다른 개념들과의 관계 속에서만 사유될 수 있는 것이다. 왜냐하면 개념은 전(前)철학적인 사유의 특정한 이미지(내재성의 평면)에 속하기 때문이다. 시간-이미지는 자신의 무리수적 절단들 위에서의 재연결과 함께, 진리 개념의 위기와 함께, 사건의 영화가 된다. 이미지 뒤에 숨어 있는 것을 찾으려 할 필요가 없고, 오로지 이미지 위에서 볼 수 있는 것을 바라보기만 하면 된다. 만일 개념이 무형적인(incorporel) 것으로 머문다면, 들뢰즈에게 개념은 "사물들의 본질이 아니라 사건을 말한다."[95] "철학은 영화의 역사를 시도하고 영화의 이미지를 재구성하는데, 만일 영화의 두 가지 양태에 내적인 철학의 역사가 존재한다면, 이는 철학이 개념들을 만들어내는 상반된 두 가지 방식에 따라 역시 나누어진다는 것이다."[96]

Cinéma et pensée

영화와 사유

2

우리는 『운동-이미지』와 『시간-이미지』를 영화에 관한 저작이 아니라 철학서로 봐야만 한다. 이 두 철학서의 주된 주제는 개념이고 우리가 철학하는 방법이다. 영화는, 사유가 이미지와 진정한 관계를 맺는 장소이다. 영화는 우리에게 들뢰즈가 사유의 이미지 혹은 뇌의 이미지라고 부르는 것을 보여준다. "우리는 뇌를 상대적으로 분화되지 않은 물질로서 간주하게 될 것이며, 『운동-이미지』와 『시간-이미지』가 그려내고 만들어내는 것은 어떤 유형의 원환(圓環)들인지를 자문하게 될 것이다. 왜냐하면 이 원환들은 미리 존재하지 않기 때문이다."[97] 이제 우리는, 운동-이미지의 영화와 관계하느냐, 아니면 시간-이미지의 영화와 관계하느냐에 따라 달라지는 이 사유의 이미지들이 어떻게 영화적으로 번역되고 있는지를 살펴볼 것이다. 결국 들뢰즈에게 중요한 것은 시간-이미지를 통해 *사유의 이미지*들이 아니라 창조된 *사유-이미지*들을 보여주는 것이다.

1. 이미지의 두 체제

유기적 묘사와 크리스탈적 묘사

"시간–이미지의 영화를 정의할 수 있는 가능성은 유기적 묘사와 크리스탈적 묘사 사이의 차이를 바탕으로 형성되는 개념에 달려 있다."[98] 운동–이미지와 시간–이미지의 커다란 차이 중 하나는 실제로 들뢰즈가 말하는 '이미지의 두 체제'의 수준에 놓여 있다. 말하자면 '유기적 묘사'는 감각–운동 도식에 대한 고찰에서 전개되며, '크리스탈적 묘사'는 영화에서 감각–운동 도식이 단절되고 순수한 시간이 등장하면서 전개된다. 다른 한편, 서사 역시 '진실된 서사'와 '거짓된 서사'라는 두 개의 상이한 양태로 나뉜다.

이미지의 유기적 체제와 크리스탈적 체제 각각의 고유한 특징은 무엇인가. 묘사의 경우를 생각해 보자. "우리는 자신의 대상의 독립성을 전제하는 묘사를 '유기적'이라고 부를 것이다. …이와 반대로 스스로가 자신의 대상에 해당되고 자신의 대상을 대체하는 묘사, 로브–그리예(A. Robbe-Grillet)의 말처럼 자신의 대상을 창조하고 동시에 지워 버리는 묘사, 이전의 묘사들과 상반되고 그것들을 대체하고 변형시키는 다른 묘사들에 끝없이 자리를 내어 주는 묘사를 '크리스탈적'이라고 부른다."[99] 유기적 묘사는 운동–이미지의 특성인 반면, 크리스탈적 묘사는 시간–이미지의 특성이다. 유기적 묘사는 실재의 개념과 아울러 연속적이고 논리적이며 유리수적인 방식으로 연결되는, 묘사된 대상의 개념을 전제한다. 그리하여 유기적 묘사는 감각–운동 도식의 틀 안에서만 행해질 수 있을 뿐이다. "사실상 규정된 장소의 독립성을 전제하고 있는 유기적 묘사들은 감각–운동적 상황들을 정의하는 데에 사용된다."[100]

이와 반대로 크리스탈적 묘사들의 존재 이유는 시간–이미지의 영화 안에서만, 등장인물이 견자(見者, voyant)가 되는, 순수하게 시각적이고 청각적인 상황들 안에서만 발견될 뿐이다. 견자는 세계를 보기만 하지 않고, 자신으로부터 독립적인 모든 방식으로 존재하는 세계를 지각만 하지 않는다. 견자는 세계에 환각을 일으키고 세계를 보면서 세계를 창조하지만, 더 이상 세계에 대해서, 세계 안에서 작용할 수 없다. 들뢰즈가 베르그송에 대해 말한 것으로 다시 돌아가 보자. 즉 베르그송에게 모든 의식은, 어떤 것에 대한 의식이 아니라 그 자체가 어떤 것이다. 감각-운동적 연관들이 전개되는 세계의 현실태에 이 세계의 잠재적 측면이 덧붙여지거나, 이 세계의 잠재적 측면이 세계의 현실태를 대체해 왔다. (우리는 현실적인 것과 잠재적인 것 사이의 구분을 다시 다룰 것인데, 이는 시간-이미지와 함께 또다시 생겨나는 바를 이해하는 데에 근본적인 것이다.)

운동-이미지와 그 상관물인 유기적 묘사에는 우리의 관심을 끄는 것, 사물 안에서 우리에게 유용한 것, 등장인물의 반작용을 불러일으키는 것이 들어 있을 뿐이다. 유기적 묘사는 본질적으로 부분적이며, "그리하여 그것의 풍부함은 명백하다."[101] 그러나 순수하게 시각적이고 청각적인 이미지들이 행해진 것인 크리스탈적인 묘사(행위가 아니라 오로지 묘사만을 야기할 수 있는)는 훨씬 더 풍부하다. 왜냐하면 "이 이미지의 간결성, 이 이미지가 보유하고 있는 것의 희박성, 선 혹은 단순한 점, '중요하지 않은 자그마한 단편'은, 계속해서 다른 묘사들을 가리키면서 언제나 사물을 본질적 특이성에 이르게 하고 무한한 것(l'inépuisable)을 묘사하기 때문이다."[102] 들뢰즈에게 시간이 인식되는 방법은 실재를 인식하는 방식과 그 결과 실재에 대한 묘사들을 생산해내는 방식이라는 완전히 상이한 두 개의 방식을 함축한다. 이제 우리는 영화에 대한 들뢰즈의 분석에서 근본적인 지점인 동시에 그의 저작 전체를 관통하는 주제, 즉 시간은 근원적인 것이기 때문에 모든 것의 조건이라는 주제와 만나게 된다.

시간의 솟아오름에 관한
베르그송적 주제의 반복

들뢰즈는 시간의 세 가지 수동적 종합을 제시하는 『차이와 반복』을 필두로 여러 저작에서 시간에 대한 사유를 전개하지만, 시간에 관한 사유가 진정으로 펼쳐지는 것은 『시간-이미지』에서이다. 들뢰즈에 따르면, 시간 즉 시간-이미지 영화의 시간은 연대기적인 단순한 연속으로 환원되지 않는다. "들뢰즈는 크로노스(chronos)는 죽고 싶어한다고 말한다. …시간은 연속적이기 이전에 이질적이다. 시간의 흐름(chronologie, 연대기)은 오로지 경험적인 형식, 시간이 재현되는 방식일 뿐이다."[103] 시간이 현실적인 동시에 잠재적인 것으로 나뉜다는 것은, 베르그송이 『물질과 기억』에서 다루고 있는 시간의 솟아오름에 관한 주제에서 도출된 관념이다. 들뢰즈는 그 자체로서의 현재는 현재이면서 동시에 과거, 즉 자기 고유의 과거라는 확언(constat)에서 시작한다. "모든 과거는 현실적인 현재와 관련하여 과거이다. 나는 내가 어제 행한 것을 회상한다. 이것은 현실적인 현재와 관련하여 지나간 현재에 대한 재현이다. 나는 내가 어제 행한 것을 재현한다. 그리하여 나는 현재를 위하여 현재와의 관계에서 과거라고 부르는 나의 과거를 생각한다. 그리고 사실 모든 과거는 현재였던 것의 과거이다. …내가 현실적인 현재라고 부르는 새로운 현재가 있다. 어떻게 그런 것이 가능한가. 왜 현재는 이행하고, 그리고 끊임없이 이행하는가. …만일 사람들이 그것이 현재에 대한 정의라고 주장한다면, 나는 그것에 동의할 수 없다. …만일 어떤 현재가 이행한다면, 이는 그 뒤에 오는 현재에 의해 이행하는 것일 수는 없다. 만일 현재가 이행한다면, 이는 그 현재가 현재이면서 동시에 이행하는 것일 수 있을 뿐이다. …달리 말하자면, 현재는 현재로 나타나는 것과 동시에 과거로서 구성된다."[104]

현재는 이중적이다. 즉 연대기적이고 현실적인 현재와 동시에 자기 자신의 과거인 잠재적인 현재로 나누어진다. "현재는 오직 이중적으로만 존재한다."[105] 들뢰즈는 현재에 대한 이러한 성찰에서 출발해 『시간-이미지』에 이르러서는, 회상을, 기억이 어떻게 작동하는가를 설명하고, 현대 영화가 어떻게 운동-이미지의 영화와는 달리 '시간의 크리스탈들'이 형성되는 비연대기적인 시간-이미지들을 창조하는지를 설명한다. 들뢰즈에 따르면, 우리는 현재에 대한 회상을 가지지만 (현재는 동시에 과거이기 때문에) 이러한 현재에 대한 회상들은 우리에게 어떠한 기능도 하지 않는다.(왜냐하면 우리는 우리가 살아남기에 충분한 현재를 이미 그것의 현실적인 형태로 지각하기 때문이다) 우리는 그것들의 유용성과 관련하여, 그리고 우리가 그것들로부터 끌어낼 수 있는 것과 관련하여 우리가 가지고 있는 회상-이미지들을 선택한다. 현재가 현실적인 현재와 과거로 되는 현재로 영속적으로 이중화하는 것이, 들뢰즈가 시간의 크리스탈이라고 이름 붙인 바로 그것이다. 시간의 크리스탈은 현실적이고 잠재적인 두 측면, 더군다나 식별될 수 없는 두 측면으로 필연적으로 형성되어 있다. 우리는 시간의 크리스탈이라는 개념에서 출발하여 두 종류의 회상을 구분할 수 있다. 하나는 앞서 언급했던 회상-이미지(연대기적인 과거에 대한 회상, 현실적 현재의 과거에 대한 회상)이고, 다른 하나는 순수한 회상, 비연대기적인 순수 과거, '현재였던 과거'에 대한 회상, "순수한 회상, 그 자체로서의 현재에 대한 회상이다. 혹은 이것은 언제나 법칙에 복종하는 순간보다 훨씬 멀리까지 거슬러올라갈 수 있다. 이 법칙이란 다음과 같다. 과거는 현재와 관련해서 과거인 그러한 현재와의 관련하에서가 아니라 현재였던 것과의 관련하에서만 포착될 것이다. 이것이 크리스탈의 공식이다."[106]

이미지와 영화적 기호의 관점에서 볼 때, 시간의 이중화에 대한 이러한 생각은 무엇을 함축하는가. 『운동-이미지』에서 자주 나타나는 것(예를 들어, 여기서 플래시백은 연대기적으로 생각된 과거의 삽입일 뿐이다)과는 달리, 이제 이미지들은 더 이상 연대기적으로 전개되는 행위들을 보게끔 하지 않는다. 우리는 사유의 이미지들이 나타나는 것을 목격하게 된다. 이제 사유는 시간의 크리스탈들을 통해서 들뢰즈가 '점점 깊어지는 원환들'이라고 부르는 것 안에서 전개될 수 있기 때문이다. 사유는 시간 속에 있다. 내가 사유할 때, 나의 사유는 어떤 원환들에 따라 전개된다. 예를 들어, 발생하는 어떤 것이 내가 체험했던 다른 어떤 것을 나에게 불러일으킨다. 나는 다음과 같은 형태로 이 체험된 것에 대한 회상을 가지고 있다. 사람들은 병원, 위원회, 혹은 그 밖의 것들에 대해 말할 것이다. "이것은 단순히 메타포나 비교가 아니다. 나에게 드러나는 것은 점점 더 깊어지는 실재의 한 측면이다."[107] 다름 아니라 회상이 '현재였던 과거'로서의 과거에 도움을 청한다. 진정한 사유의 이미지들을 갖기 위한 조건은 바로 시간에 대한 이러한 방식의 인식이다. 사유는 더 깊은 수준들에 이르게 된다. 영화에서 기억의 문제를 연대기적인 시간, 현실적 측면에서의 시간에 관계할 뿐인 플래시백으로 다루는 것은 충분치 않다. 이런 점을 특징적으로 보여주는 영화로는 도브젠코(A. Dovzhenko)의 〈즈베니고라(Zvenigora)〉, 히치콕(A. Hitchcock)의 〈현기증(Vertigo)〉, 레네의 〈사랑해, 사랑해(Je t'aime, je t'aime)〉를 들 수 있다. 하지만 (크리스탈-이미지를 통하여) 순수한 시간에 대한 완벽한 이미지들에 도달하기 전에는, 진화는 시간에 대한 간접적인 재현으로서의 운동-이미지에서 출발할 수밖에 없을 것이다. 이 두 가지 이미지 사이에는, 시간 안에서 현실적인 것과 잠재적인 것의 식별 불가능성을 보여주지 않기 때문에 여전히 불완전한 시간-이미지들인 회상-이미지, 꿈-이미지, 세계-이미지가 끼어들게 된다. 회상-이미지들, 꿈들, 몽상들, 시각기호들과 청각기호들의 장소는 여전히 시간의 현실적인 부분을 제시할 뿐이며, 여기에서 과거는 현재에 관련해서만 과거일 뿐이다. 사실상 "그러한 이미지들은 필연적으로 새로운 현재와 관련해 현실화되며, 이미지들이 예전에 현재였던 또 다른 현재와 관련해 현실화된다."[108]

영화에서 묘사와 서사는, 시간이 연대기적이고 현실적인 측면에서 사유되는지, 아니면 상이한 층들로서 사유되는지에 따라 다르게 다루어진다. 상이한 층들만큼 상이한 과거들은, 우리가 회상을 길어 올 수 있는 시간이자 영화에서는 회상-이미지들을 야기시키게 될 시간인, 비심리학적인 시간을 형성하기 위해 서로 포개어진다. 그리하여 시간은 의식으로부터 독립적으로 사유되며, 회상은 우리들 바깥에 있다. 모든 존재에 대해 사용 가능한 '과거 일반'이라는 것이 존재하는데, 그것의 현재는 극점(pointe extrême)이다. 왜냐하면 이것은 과거 일반과 연대기적인 과거를 식별할 수 없는 하나의 혼합, 즉 크리스탈로 결합시키기 때문이다. 들뢰즈에게서, 의식으로부터 독립적인 이 순수 과거는 사유가 의식으로부터 독립적으로 기능하는 것과 동일한 방식으로 기능한다. 사유는 우리가 사유할 때 우리 안에서 스스로 사유한다. 그리고 우리가 선택할 때 사실상 선택되는 것은 우리이다. 시작부터 끝까지 하나의 역사(histoire, 이야기)를 이야기하는 전통적인 서사는 두 가지 시간, 즉 연대기적인 시간과 상황, 지각, 정감, 작용을 연결시키고, 종국에는 새로운 상황을 발생시키는(유명한 'SAS' 형태, 행동-이미지의 큰 형식을 가리키는 말로서, 상황으로부터 행동의 중개를 경유하여 변형된 상황으로 이르는 것을 가리킨다—역자) 운동-이미지의 시간을 조건으로 갖는다. 이에 반해 시간-이미지들에 대해서는, 과거 일반을 포함하고 의식 바깥에 존재하며 감각-운동 도식의 붕괴를 참작하는 시간관을 고려하는, 새로운 형태의 서사를 고안해야만 한다. 그러한 서사는 '거짓된 서사'일 것이다.

현재의 점들과 과거의 층들:
사유의 시간화

『운동-이미지』에서 시간은 연대기적이다. 등장인물이 꿈을 꾸거나 정신착란을 일으킬 때도, 그것은 (순수 시간의 잠재성에 대립된) 현실적인 시간 안에서 이루어지는 것이다. 시간이 산다는 것은 시간이 현재에 산다는 것이고, 과거라는 것은 (현재였던 것과 관련해서가 아니라) 새로운 현재와 관련해서만 과거이다. 『시간-이미지』에서는 사물들이 시간의 잠재성에 대한 해명과 함께 복잡화되고, 또한 "공간과 운동이 아니라 지형학과 시간을 첫째 가는 특징으로 가지는"[109] 이미지들이 중요하다. 순수 과거는 서로 접촉하지 않으면서 공존하고 현재 안에서 결합되고 현실화되는 층들로 구성된다. 무언가를 회상한다는 것은 분명히 이 층들 가운데 하나에 자리잡는다는 것이다. "만일 숨겨진 회상이 우리에게 응답하지 않고 회상-이미지로 구체화되지 않는다면, 또 다른 도약을 하기 위해 현재로 되돌아갈 수밖에 없다고 해도 어디까지나 선택된 하나의 영역 안으로 도약해야 한다."[110] 오선 웰스의 영화에서 이러한 시간-이미지를 볼 수 있는데, 그가 시야 심도를 사용하는 방식은 이러한 과거 층들의 공존이라는 관념을 완벽하게 표현한다. 운동과 마찬가지로, 공간도 시간성에 봉사하고 있으며 시간에 종속되어 있다. 프레임 내부에서 한 면으로부터 다른 면으로 등장인물이 이동하는 것은 과거의 한 층으로부터 과거의 다른 층으로의 이동을 가리킨다. 이러한 분석은 사유에 대해서도 재생산될 수 있다. "마찬가지로 우리는 단번에 이념 안에 자리잡으며, 현실적인 탐구에 상응하는 이미지들을 형성하기 위해 이러한 원환들에서 이러저러한 원환들로 도약한다."[111] 이것은 의식으로부터 독립적인 사유에 대한 개념을 함축한다. 우리는 사유할 때 사유 안에 있으며, 이념은 의식하는 주체의 생산물이 아니다. 그렇기 때문에 사유는 주관적인 창조물일 수 없고, *우리를 선택하는 하나의 사유*에 도달하기 위하여 사유 자체를 제거하는 능력일 것이다. 이것이 바로 들뢰즈가 정신적 자동인형이라고 부르는 것이다. 앞으로 살펴보겠지만, 진정한 사유란 바깥에 대한 사유이고, "바깥에 대한 사유를 사로잡고 있는 것은 바로 그런 식으로 정화된 자동인형이다."[112] 우리가 순수 과거를 회상-이미지 안에서 현실화하듯이 개인적인 이념들 안에서 스스로를 현실화한다는 것, 즉 사유에 의해 관통된다는 것은 "다름 아닌 우리 안에서 비유기적인 삶의 역능(力能)이 작동하고… 우리 안에서 우리가 전일(全一, Un-tout)의 현실화에 의해 *관통된다는 것*"[113]을 의미한다.

들뢰즈는 *현재의 점들*을 기준으로 또 다른 종류의 시간에 대한 순수한 이미지를 구분한다. "그러나 이번에는 현재가 또 다른 면에서 시간의 집합에 해당될 수 있는가. 만일 우리가 현재를 자기 고유의 현실성으로부터 추출해내게 된다면, 아마도 그럴 것이다. 이는 우리가 과거를, 그것을 현실화시키는 회상-이미지와 구분하는 것과 마찬가지이다."[114]

모든 사건은 현재에 발생했고 자기 고유의 현재를 갖는다. 비록 이 현재들이 현실적 현재와의 관계에서 볼 때 오늘날에는 과거라고 할지라도 말이다. 상이한 사건들을 차례대로 고려할 경우에, 우리는 하나의 현재에서 다른 현재로 연속적으로 이행하게 된다. 하지만 이 연속은 운동-이미지의 경우에서처럼 연대기적인 것이 아니다. 들뢰즈는 이 주제와 관련해 중요한 언급을 한다. "성 아우구스티누스(St. Augustinus)의 멋진 경구에 따르자면, *미래의 현재, 현재의 현재, 과거의 현재*가 존재한다. 이 모든 것은 사건 안에 포함되어 있고 사건 안에서 전개되며, 그리하여 동시적이며 설명할 수 없는 것이다."[115] 이러한 현재의 점들은 특정한 영화들에서 발견된다. 레네가 연출하고 로브-그리예가 시나리오를 쓴 〈지난해 마리엔바트(*L'Année dernière à Marienbad*)〉에 대해 들뢰즈가 쓰고 있는 일부 페이지가 입증하듯이, 특히 들뢰즈가 각별히 좋아하는 로브-그리예의 영화들에서 이 현재의 점들을 볼 수 있다. 연출자는 현재의 점들의 동시성에 대한 영화 작가인 데 비해 시나리오 작가는 과거의 층들에 대한 영화 작가라는 점에서, 들뢰즈는 이 두 작가 사이의 협업에 주목한다. 시간을 인식하는 이러한 두 가지 방법은 "그 자체가 시간에 대한 직접적인 두 개의 기호"[116]이다. 하지만 매우 강력한 이 두 개의 시간-이미지는 서사를 없애 버리는 것이 아니라 새로운 형식의 서사를 함축한다. 스크린은 더 이상 단지 필름이 펼쳐지는 장소가 아니라, "지정할 수 있는 거리 없이, 모든 고정된 점들로부터 독립적으로, 과거와 미래, 내부와 외부가 즉각적이자 직접적으로 맞서게 되는 뇌막(腦膜)이" 된다.

들뢰즈는 다름 아닌 모든 고정된 중심의 상실을 출발점으로 삼아, 플라톤과는 대립되는 진리관, 그가 현대사상의 위대한 창시자로 보는 니체에게서 영감을 받은 진리관을 펼친다. 이러한 진리 개념은 들뢰즈로 하여금 시간-이미지에 고유한 서사의 형태, 즉 거짓된 서사를 사유하게 해준다.

2. 진리 개념의 위기

진리라는 독단적인 사유에 대한 비판

시간에 대한 간접적인 이미지(순간들의 공간화된 연속)에서 시간에 대한 직접적인 이미지로 이행은 선험적인 형태하의 시간을 제시한다. 시간에 대한 직접적인 이미지는 그 어떤 것도 *재현*하지 않는다. 바로 여기에 『시간-이미지』의 모든 어려움이 놓여 있다. 시간은 힘(*force*)이 된다. 다시 말해 "공간적 연속으로서의 운동을 종속시키거나 깨뜨린다."[117] 그러므로 힘으로서의 시간은 우리로 하여금 사유하도록 강제하는 것이다. 들뢰즈가 사유의 이미지에 대해 말할 때 그가 의미하는 바를 이해하려면, 다음의 정의에서 출발해야 한다. "미리 규정된 어떤 내부성의 투사, 외적인 물질로부터 추상되는 순간적인 영혼의 생산은 더 이상 중요하지 않다. 오히려 시간은 사유의 이미지나 '진실된' 자동 재현으로부터 사유 자체를 분리시키는, 그런 사유를 불러일으키는 힘으로 나타난다." [118] 칸트, 니체, 스피노자, 들뢰즈는 모두 플라톤주의에 맞서 각자의 길을 통해 어떻게 시간이 진리를 위기에 처하게 할 수 있는지를 보여주었다. 진리의 위기는 운동-이미지와 대립하는 시간-이미지와 더불어 발생한다. "사유의 역사는 시간이 늘 진리 개념을 위기에 빠뜨려 왔다는 것을 확인해 준다. 진리는 시대에 따라 변하는 것이 아니다. 진리는 단순히 경험적인 내용이 아니라 형식이다. 진리 자체를 위기에 빠뜨리는 시간의 순수한 형식이다."[119]

그렇다면 『운동-이미지』에서는 재현되고 『시간-이미지』에서는 거부되는 이러한 진리관이란 어떤 것인가. 사유에 대한 독단적인 진리관은 사유와 진리에 대한 추구를 분리할 수 없게끔 연결시킨다. "들뢰즈는 다음과 같이 진단한다. 철학이 진리 가운데에서 사유라는 독립적인 요소를 식별하려고 해 봐야 소용없는 일이다. 철학은 사유와 진리 간의 관계를 *내재화하고*, 사유와 진리가 친밀하고 자연적인 관계에 있을 것을 요청한다."[120] 사유는 본성상 진리인 것을 추구하고 발견하려는 경향이 있다. 예를 들어 우리들 각자 안에 현존하는 자연의 빛과 이성이라는 주제를 전개하고 있는 데카르트(R. Descartes) 철학에서는, 각자 안에 자연의 빛과 이성이 현존하므로 모든 사람은 그것을 잘 사용하는 법을 배우기만 하면 된다. 사유는 여전히 진리를 알지 못한다. 하지만 사유는 진리를 추구하고 진리에 도달하려는 경향이 있다고 알려져 있다. "그 귀결이 이를테면 알려지지 않았다기보다는 망각되어 있는 진리의 이데아(플라톤)라든가 절대적인 바깥 혹은 초월성으로서의 신과의 관계에 대한 내재화를 감수하면서까지 제시되는, 만들어진 것도 우연적인 것도 아닌 본유관념(데카르트) 같은 것들이다."[121] 들뢰즈는 본질과 진실된 것으로 상정된 담론을 상응하게 하려는 목적을 가진 이러한 진리관을 폐기한다. 사유 외적인 것을 어떻게 사유하는가. 우리는 이러한 사유의 외부를 인지할 수 있는가. 들뢰즈가 제기하는 것은 바로 이러한 물음들이다. 사유에 대한 독단적인 이미지를 파괴하기 위해서는, 먼저 사유와 진리의 관계가 도덕적 담론에서만 정당화될 뿐이라는 것을 증명해야 할 것이다. 도덕적 담론은 우리로 하여금 사유가 자연적으로 진리를 향해 있는 것으로 인식하게 한다. (데카르트에게서 이성은 언제나 진리를 향해 있고 그 이성을 잘못 사용했을 경우에 오류가 발생한다.) 이와 같이 사유와 진리 사이의 *선천적이고* 자연적인 관계에 대한 들뢰즈의 비판에 영감을 불어넣어 주는 것은 니체이다. 또한 들뢰즈가 사유에 관한 독단적인 이미지에 대해 가하는 공격은 재인(再認)에 관한 플라톤적인 모델에 대한 거부에 근거하고 있다. 실제로 들뢰즈는, 플라톤이 선재(先在)하는 영원한 실재의 재인을 진리의 모델로 강요한다고 비난한다. 감각적인 사물들은 시간에 종속되어 있기 때문에 이데아들의 불완전한 모사일 뿐이다.

그렇지만 들뢰즈가 고전적인 진리 개념을 너무 단순화하여 개념을 형성하고 있다는 비판이 있을 수 있다. 사실 들뢰즈에게서, 관념론자들의 진리 개념은 초월성으로 귀결된다. (진리는 구성되는 것이 아니라 재인되는 것이고 사유에 선험적이며, 사유는 도달해야만 하는 사유 외적인 대상 쪽으로 상승한다. 이러한 운동 안에서 사유는 이미 대상을 소유하고 있으며, 바로 여기에 사유와 사유 아닌 것 사이의 내적인 관계가 있다.) 들뢰즈의 해석대로라면 진리란 원본과, 원본에 외적이기 때문에 원본과 유사하면서도 상이한 복사본 사이의 상응이 될 것이다. 하지만 이는 "너무 협소한 해석이 아닌가. 이러한 해석은 들뢰즈가 자신의 필요에 따라 지나치리만큼 간결하게 이미지화한 '플라톤주의'에 의존하고 있는 것은 아닌가",[122] 아니면 "진리에 대한 이러한 관념은 원본이라는 동일자(le Même)와 복사본이라는 유사자(le semblable) 위에 기초하고 있다. 어떠한 철학자도 이러한 진리에 대한 관념을 매개적 이미지가 아닌 다른 방식으로 사용하지는 않았으며, 그렇기 때문에 그의 모든 사유는 그러한 진리관의 해체를 소명으로 안고 있었다. 특히 플라톤의 경우가 그러하다. 플라톤은 매개적인 이미지를 다른 곳에서는 아주 풍부하게 사용하면서도 예를 들어 『파르메니데스(Parmenidēs)』의 초반부에서는 그것의 부질없음을 보이는 일에 많은 지면을 할애하고 있다."[123]

하지만 이는 들뢰즈의 플라톤 비판의 핵심인 재인에 대한 것은 아닐 것이다. "플라톤주의를 가지고 형이상학을 정의하는 것은 옳지만, 플라톤주의를 현상과 본질의 구분에 의해 정의하는 것은 불충분하다."[124] 플라톤이 『파이돈(Phaidōn)』에서 실체(ousia)에 대해 말한 것을 살펴보자.

1. *실체*는 어떠한 지각에 의해서도 포착될 수 없다. 모든 사물의 *실체*는 각각의 사물이 있다는 것, 바로 그것이다.(65 d)

2. 나아가, 실체는 자신 안에 진리가 있다는 것이며, 사유가 도달할 수 있는 유일한 것이다.(77 a)

3. 각각의 존재는 즉자적(即自的)으로는 결코 변화를, 그것이 무엇이건 간에 감당해낼 수 없다는 것(78 d), 그리고 『필레보스(Philēbos)』에서 존재는 '분명하고, 정확하고, 최고로 진실된 것이 있다는 것' (58 c)이다.

따라서 본질은 변화에서 추상된 것이며, 특히 '~과 동일한 것'의 방식에 의거해서가 아니라 자기 자신을 따라 자기 자신의 방식에 의거하여 존재한다. 이러한 의미에서 존재는 진리이다. 본질은 '자신과 같기(même que soi)' 때문에, 자신이 될 필요가 없다. 바로 이것이 들뢰즈가 거부하는 것이다. 들뢰즈의 경우에는 "'나는 타자이다(Je est un autre)'가 '자아(Moi)=자아(Moi)'를 대체"[125]하기 때문이다. '자아=자아'라는 동일성을 깨뜨리기 위해, 들뢰즈는 분기(分岐)의 요소로서의 시간, 언제나 자기 자신으로 정의되는 무시간적인 본질을 파괴하는 요소로서의 시간을 도입해야만 한다.(도입하지 않으면 안 된다) 그러나 이로 말미암아, 진리는 '거짓된 것의 역능' 안에서 움직이며 새로운 형태의 서사, 즉 '거짓된 서사' 안에서 구현된다.

거짓된 서사들

"본질적으로 거짓된 것으로 형성되기 위해, 서사는 참된 것이기를 즉 진리를 자처하기를 그만둔다."[126] 이것이 가능한 이유는 시간이 더 이상 연대기적으로 인식되지 않고, 그리하여 여러 개의 현재들이 동시에 사유될 수 있기 때문이다. 그러나 이러한 동시적인 현재들은 공가능(共可能)하지 않다(incompossible). 달리 말해, 이 동시적 현재들은 동일한 세계 안에서는 논리적으로 공존할 수 없다. 하지만 들뢰즈는 이러한 공가능하지 않은 현재들을 동시적으로 공존하게 하는 거의 불가능한 일을 해낸다. 게다가 상이한 과거들은 실존하는 것이기는 하지만 필연적으로 진리인 것은 아니다. 즉 과거는 실제로 발생했던 것이기를 멈춘다. 시간-이미지는 운동-이미지와 더불어 탄생된 서사의 원칙을 포기하지는 않는다. 하지만 이 서사는 이제부터 스스로가 거짓된 것이기를 바란다. 혹은 달리 표현하자면, 서사는 "참과 거짓 사이의 논리적으로 결정 불가능한 선택지들을"[127] 제기한다. 거짓된 것에서 참된 것을 구분하는 판단은 논리적 결정 불가능성을 강요하는 '거짓된 것의 역능들'로 대체된다. 논리적 결정 불가능성은 실행되고 있는 상이한 세계들(상이한 과거들, 불공가능(不共可能)한 현재들)이 동일한 우주, 동일한 역사에 속하기 때문에 존재하게 된다. 비모순(非矛盾)의 원칙은 무너진다.

이러한 의미에서 운동-이미지와 시간-이미지의 차이 중 하나는, 감각-운동 도식이 묘사들 서로를 연결하는 실제 묘사들(유명한 유기적 묘사들)을 생산하고자 한 반면, 시간-이미지의 영화 작가들은 무엇보다도 주된 등장인물이 거짓된 것으로 제기되는 그러한 묘사들을 공존시키고자 한다는 사실에서 비롯된다. "서사는 더 이상 (감각-운동적인) 실제 묘사와 연결되는 진실된 서사가 아니다. 묘사가 자기 자신의 대상이 되고 서사가 시간적이고 거짓된 것이 되는 것은 완전히 동시적이다."[128] 그리하여 시간적 요소의 도입은 진리에 대한 우리의 견해를 변형시킨다. 단순하게 연대기적인 시간, 현실적 측면에서의 시간은 공가능하지 않은 세계들의 공존을 허락하지 않는다. 시간은 본성상 이질적인 것으로 사유되어야만 하며, 그리하여 서사는 거짓된 것이 된다. 우리가 보는 이미지는 우리에게 거짓말을 하지 않을 것이다. 하지만 로브-그리예의 영화에서처럼, 이미지는 거짓말쟁이가 되는 등장인물들을 보여준다. 즉 우리는 더 이상 그들이 진정으로 누구인지, 그들의 과거가 어떠했는지 알지 못한다. "서사 전체가 각각의 에피소드들에서 끊임없이 변형된다. 주관적인 변이들에 따라서가 아니라, 연결되지 않는 장소들과 비연대기화된 순간들에 따라서 끊임없이 변형된다."[129] 그 이유는, 등장인물들은 자기 고유의 심리학적인 결정(決定)들을 소유하는 개체성으로 인식되는 것이 아니라, 들뢰즈의 시간관에 따라 창시되는 분기의 물리적인 장소로서 인식되기 때문이다. 등장인물들은 나쁜 의도에 의해 움직여지기 때문이 아니라, 시간의 구조 자체가 등장인물들을 그렇게 강요하기 때문에 거짓말쟁이인 것이다. 그들은 자발적인 거짓말쟁이가 아니라 구조적인 거짓말쟁이이다. 거짓말쟁이라는 것은 다양해지는 것(être multiple)을 의미한다. 왜냐하면 '나는 타자'이기 때문이다.

영화가 '거짓된 것의 역능들'을 전개하기 시작한 역사적 출발점은 누벨 바그(Nouvelle Vague)였다. "하지만 누벨 바그는 진리의 형식을 생의 역능들로, 그리고 더 깊은 것으로 추정되는 영화적 역능들로 대체하기 위하여 진리의 형식과 단호히 절연했다."[130] 이 구절은 세 가지 문제를 제기한다. 첫째로, 진리는 '형식'에 속하지만 그것을 대체하는 것(거짓된 것의 역능)은 '역능'에 속한다. 둘째로, 거짓된 것의 역능은 생의 역능과 동일시된다. 여기에서 진리는 살아 있지 않은(죽은 혹은 치명적인) 어떤 것에 속해 있을 것이라는 사실을 이끌어낼 수 있다. 마지막으로, 거짓된 것의 역능들이 더 깊은 것일 수도 있다는 것은 시간-이미지가 운동-이미지보다 영화적으로 더 깊으리라는 것을 의미하는가.

첫번째 문제에 대해서는, 역능과 형식 사이의 차이는 역능의 관념이 형식의 관념보다 더 역동적이라는 데에서 비롯된다고 답할 수 있을 것이다. 역능은 전개되도록 운명지어진 것인 데 비해, 형식은 언제나 그 자신과 똑같은 것에 머문다.('자아=자아'와 '나는 타자이다' 사이의 구분 참조) 역능의 관념은 자신의 정의 자체 안에서, 자신이 또 다른 역능들로 변형되도록 해주는 시간을 통합한다. "그리고 서사는 거짓말쟁이들의 진술과는 다른 내용, 하나의 서사에서 다른 서사로의 변화와는 다른 내용, 서사의 다른 서사들로의 변형과는 다른 내용을 갖지 않을 것이다."[131] 플라톤주의의 진리는 역능이 아니다. 그것은 시간적인 것이 아니기 때문에 형식에 속한다.

두번째 문제인 생의 역능으로서의 거짓된 것의 역능에 대해서는, 들뢰즈가 몇 페이지 뒤에서 절대적인 가치인 생에 관한 판단을 내리는 것의 불가능성이라는 주제에 관해 말하고 있는 것을 참조해야만 할 것이다. "선(善)이자 진리인 우월한 심급(審級)의 이름으로 생을 판단하는 것은 더 이상 중요한 문제가 아니다. 오히려 중요한 것은 모든 존재, 모든 행위와 정념, 모든 가치 자체를, 그것들이 함축하고 있는 생과의 관련하에서 평가하는 것이다."[132]

운동-이미지의 영화는 참된 판단이 이미 선재하는 진리에 상응하듯이, 대상을 선재하는 현실에 상응하게 하려는 목적을 갖는 묘사(유기적 묘사)를 생산해낸다. 앞서 말했듯이, (운동-이미지의 영화에서) 최상의 가치는 진리에 대한 도덕적 견해에 포함되어 있는 이러한 상응이다. 그렇다면 선한 것은 완전히 일치하는 것인가, 옳은 것인가, 아니면 다른 존재일 수 없는 것으로 보이는 것인가. 이와 달리 시간-이미지의 영화에서 최상의 가치는(여기서 다루는 것은 더 이상 도덕에 기초한 담론과는 상관이 없지만, 그래도 우리가 여전히 가치에 대해서 말할 수 있다면), 생 그 자체이다. 생은 스스로 움직이는 것이고 변형되는 것이며 변신하는 것이다. 생은 미리 예정되어 있는 모델에 상응하지 않을 뿐만 아니라, 생의 모델이란 것 자체가 존재하지도 않는다. 생은 전적으로 자기 창조이다. 들뢰즈에게 생은 각각의 존재자에게서 현시(顯示)되는 절대적 존재이다. 즉 그것은 절대적 내재성이다. 그리하여 거짓된 것의 역능들은 단순한 부정이나 진리의 거부로서가 아니라 진리의 새로운 형식으로서 이해된다. "예술가란 *진리의 창조자*이다. 왜냐하면 진리란 도달되거나 발견되거나 재생산되는 것이 아니라 창조되어야만 하는 것이기 때문이다. 새로움의 창조 이외에 그 어떤 진리도 존재하지 않는다."[133] 이러한 의미에서 운동-이미지는 살아 있는 것일 수 없다. 운동-이미지에서 우리는 이미지의 자기 창조와 관계하는 것이 아니라, 특정한 형식에 일치되려 하고 감각-운동 도식을 고려하는 이미지와 관계한다. "진리의 이상과 대립되는 것은 운동이 아니다. 운동이 불변적인 것들을 제시하고, 운동하는 것의 중력점을 제시하고, 자신이 통과하는 특권적인 점들을 제시하고, 자신이 관련되어 움직이는 부동점을 제시하는 한, 운동은 완전히 진리와 일치하는 것으로 남아 있다. 왜냐하면 운동이 자신의 중심들을 보존하고 있는 한, 운동-이미지는 자신의 본질 안에서 자신이 불러일으키는 진리의 결과에 속하는 것이기 때문이다."[134] 아무리 그렇다 하더라도 『운동-이미지』에서 이러한 진리의 문제가 전혀 제기되지 않고 있다는 것은 이상한 일이다. 마치 들뢰즈가 두 저작들을 저술하면서 운동-이미지에서 진화한 것이 시간-이미지라고 생각했다는 듯이 말이다.

세번째 문제는 시간-이미지가 운동-이미지보다 더 깊은 것인지 아닌지를 파악하는 것과 관련된 것으로서, 이는 나중에 다룰 것이다.

감각-운동 도식의 붕괴와 함께 발생하는 역전은 이중적이다. 시간은 운동에 의존하기를 그칠 뿐만 아니라 동시에 더 이상 진리를 내세우지도 않는다. 이는 진리에 관한 들뢰즈의 모든 성찰이 오직 시간에 관한 성찰에서 시작해서만 이루어질 수 있다는 것을 고려할 때, 정당하다. 그런데 들뢰즈는 정말로 진리에 대한 모든 참조를 거부하는가. 아니면 『시간-이미지』에서 자신이 '거짓된 것의 역능들'이라고 역설적으로 이름붙인 자기 고유의 진리관이 받아들여지게끔 하려 하는가. 우리는 알랭 바디우의 분석 덕택에 이 문제를 깊이 파고들 수 있다. 바디우는 "유연하면서 역설적인 벡터로서의 서사라는 주제는 철학만큼이나 고전적(ancien)이다"[135]라고 지적한다. 그는 그 예로 제논의 역설들(아킬레스 이야기)과 플라톤의 신화들을 제시한다. 거짓된 것의 역능들은 참과 거짓 사이의 식별 불가능한 선택지들을 제시하는 것을 특징으로 한다. 들뢰즈와 동일한 발자취를, 플라톤은 진리 탐구라는 측면에서 보여주고 있다. "플라톤에게 아포리아(aporia)는 참된 것이 꼭 거쳐야만 하는 과정이다. 또한 플라톤은 텍스트 전체를 어떤 *절대적인 결정불가능성*〔예를 들어, 덕을 가르치는 일은 가능하기도 하지만 동시에 불가능하기도 하다는 결정불가능성, 또는 일자(一者)의 있음도 거짓이지만 동시에 일자의 있지 않음도 거짓이라는 결정불가능성〕에 주저 없이 열어 놓는다."[136]

그리하여 진리 탐구의 과정과 거짓된 것의 역능들의 구성 과정은 동일한 것이지만, 들뢰즈는 이질성으로서의 시간을 도입함으로써 플라톤과는 다른 길을 걸어간다. 거짓된 것의 역능들은 새로운 진리관과 잘 상응한다. 이 새로운 진리관은 발견하거나 드러내야 하는 것이 아니라 구성하고 창조해야 하는 것이다.

시간과 진리

알랭 바디우가 「시간의 우위와 비시간화」[137]라는 장에서 이와 관련해 범례적으로 말하는 내용을 검토해 보자. 바디우의 테제는 들뢰즈가 『운동-이미지』와 『시간-이미지』에서뿐만 아니라 자신의 모든 저작에서 존재의 일의성(一義性)과 절대적인 내재성을 보여주고자 한다는 것이다. "다양체가 일자(一者) 안에서 시뮬라크르들(simulacres)의 생산으로서 통합적으로(intégralement) 사유되기 위해서는, 일자는 어떤 것이어야만 하는가. 혹은 전체의 각 부분들의 실존이 독립적인 상황이나 예측 불가능한 출현의 상황 안에 놓여 있는 것이 아니라, 단지 '세계를 꽉 쥐고 있는 비유기적인 강력한 생명'을 풍부하게 표현하는 프로필만 되게끔 하기 위해서는, 과연 이때 말하는 전체라는 것을 어떻게 규정해야 하는가."[138]

들뢰즈에게 존재는 일자이고 존재자들은 역능의 변화들(inflexions), 존재의 변화하기 쉬운 강도들(intensités variables)일 뿐이다. 그렇다면 존재자들의 다양체는 시뮬라크르들과 동등한 것으로 사유되어야만 한다. 들뢰즈는, 플라톤이 시뮬라크르들을 잘못 평가하고 있고 시뮬라크르들을 이데아와 비교하여 열등한 정도의 실재성을 가진 것으로 경시하고 있다고 보기 때문에, 반플라톤주의자로 자처한다. 존재는 그것이 나타나는 것 바깥에서는 어떠한 실존도 가지지 못하기 때문에, 들뢰즈는 시뮬라크르들에게 그것들의 모든 가치를 되돌려 주고자 한다. 존재는 자신의 외적인 현상 뒤에 더 깊은 내적인 것을 숨기고 있지 않다. 모든 존재는 시뮬라크르들일 뿐이다. 『운동-이미지』에서는 이미지 배후에 보아야 할 것이 존재하는데, 그것은 마치 현상들이 우리가 지각할 수 있는 것 뒤에 숨어 있는 본질을 지니고 있듯이, 어떤 깊이를 지니고 있다. 하지만 『시간-이미지』에서는 보아야 할 것이 이미지 위에 존재할 뿐 이미지 뒤에는 전혀 존재하지 않는다. 왜냐하면 존재는 자신의 초월성을 상실하고 존재의 다양한 양태들인 시뮬라크르들을 통해 전체로서 자기 자신의 현시가 되기 때문이다.

이제 들뢰즈의 진리관과 진리와 시간의 관계로 돌아가 보자. 들뢰즈는 시간과 운동의 관계와 마찬가지로, 진리와 시간의 관계도 역전시켰다. 그는 '우연적인 미래들'의 예를 들어 이를 보여준다. "만약 해전(海戰)이 내일 일어날 수 있다는 명제가 참이라고 한다면, 우리는 다음과 같은 두 개의 결과들 중 하나를 결코 피할 수 없게 된다. 즉 불가능한 것이 가능한 것으로부터 비롯되는 결과(왜냐하면 만약 전쟁이 일어나는 경우, 이때부터 전쟁이 일어나지 않는다는 말은 더 이상 가능하지 않기 때문에)를 피할 수 없든지, 또는 과거는 필연적으로 참이 아니라는 결과(왜냐하면 전쟁이 일어나지 않았을 수도 있기 때문에)를 피할 수 없게 되는 것이다. 이 역설을 궤변으로 다루기는 쉬운 일이다. 하지만 이 역설은, 시간의 형식과 진리의 직접적인 관계를 사유하는 일이 결코 적지 않은 어려움을 지닌다는 것을 보여준다는 점에서, 결국 우리로 하여금 참된 것을 실존하는 것으로부터 멀리 떨어진 곳에, 즉 영원한 것 또는 영원한 것을 흉내낸 것 안에 가두도록 만든다."[139]

이제 시간을 위해 진리를 희생시켜야만 한다. 왜냐하면 시간이 근본적인 것이기 때문이다. 하지만 알랭 바디우는, 들뢰즈가 거짓된 것의 역능으로서의 시간을 사실상 진리의 영원성과 동일한 것으로 제시하고 있음을 증명하려 한다. 이를 위해 바디우는 시간-이미지들은 '운동 너머에 있는 총량-이미지들'[140]이라는 『운동-이미지』의 주장을 재검토한다. 그는 이로부터 "시간의 깊은 존재, 시간의 진리는 부동의 것이다"[141]라는 결론을 내린다. 그런데 들뢰즈에게 운동 너머의 존재는 부동의 존재가 아니다. 앞에서 살펴보았듯이, 『시네마 1』에서 운동은 시간을 조건짓는 것으로 사유되고 있다. 시간-이미지들은, 시간을 제시하기 위해서 운동을 거칠 필요가 없다는 의미에서 운동 너머에 있는 것이다. 하지만 시간-이미지들이 등장한다고 해서 운동이 사라지는 것은 아니다. 운동은 중심을 잃어버리면서 비정상적이고 중심 없는 운동이 된다. 그리하여 시간은 연대기적인 진화나 목적론적인 전개가 아니라 변형, 변신을 가능하게 해주는 것으로 간주된다. 시간의 부동성은 시간이 영원회귀를 가능하게 하는 것이라는 의미로도 이해할 수 있다.

"진리는 오로지 되돌아오는 방식으로만 오는 것이기 때문에, '진리는 기억'이라는 말은 '진리는 회귀'라는 말과 같다. 그리고 진리가 시간적인 것이 아니라 시간이라는 존재와 동일하다는 말은 진리의 회귀가 영원하다는 말과 같다."[142] 그런데 '영원회귀'라는 것을 어떻게 이해해야 하는가. 같은 것이 영원히 회귀한다는 뜻이 아님은 분명하다. 존재, 즉 일자는 동일성으로서 되돌아올 수는 없다. 왜냐하면 이는, 되돌아오기 위해서는 부재해야만 하고 자기 자신으로부터 나와야만 함을, 혹은 일자는 일의적임[143]을 의미할 뿐만 아니라, 게다가 존재는 근본적으로 변화(inflexion)이고 열림이라는 것을 의미하기 때문이다. 존재 양태들의 현시의 역능은 시뮬라크르들의 용어들로, 시뮬라크르들 안에서 현실화되는 역능들의 용어들로 사유된다. 영원히 되돌아오는 것은 변화, 사건일 뿐인 일자이고, "각각의 사건 안에서, 모든 발산들 안에서 영원히 되돌아오는 것,… 즉 매번 주사위들이 던져질 때마다 되돌아오는 것은 다름 아니라 *우연을 긍정하는 역능을 지닌 근원적이고 유일한 주사위 던지기* 바로 그것이다."[144] 그리하여 시간이 부동의 존재라는 것은 맞는 말이지만, 정확히 시간은 순수한 변화인 한에서만 부동적이다. 유일하고 진정한 사건이란 일자의 사건이기 때문에, 시간은 사실상 순수하게 형식적인 사건들의 다수성의 긍정을 겪는 일자의 내재적인 이질성 안에서 일자를 사유하게끔 해준다. 따라서 시간은 부동적이다.

유비(類比)로서의 진리를 폐기할 것을 지지하는 내기를 거론하는 것은 중요해 보인다. 『시간-이미지』의 몇몇 구절들에 근거할 경우에, 『운동-이미지』는 이러한 유비적 진리의 영화적 장소라고 할 수 있을 것이다. 하지만 들뢰즈는 이미 『운동-이미지』에서, 전체들인 '부분들' 안에서 발생하는 변화들에 의해 결정된 '열려 있는 것'이라는 주제를 전개하고 있다. 확실히 이것은 일자가 현실화된 것인 시뮬라크르들을 환기시키는데, 이 일자 자체는 시뮬라크르들 안에서 현시된다. 변화는 이러한 두 가지 의미에서 발생한다.

3. 사유 안의 사유되지 않는 것으로

전체와 부분들

시간-이미지는 우리에게 운동-이미지의 그것과는 다른 사유의 어떤 특정한 기능을 보게끔 해준다. "한편으로 영화적 이미지는 통약불가능한 관계들과 무리수적 절단들에 의해 시간에 대한 직접적인 재현이 된다. 다른 한편으로 이러한 시간-이미지는 사유를, 사유되지 않는 것, 환기될 수 없는 것, 설명될 수 없는 것, 결정불가능한 것, 통약불가능한 것과 관계 맺게 한다. 이미지들의 바깥 혹은 이면이 전체를 대체하고, 그와 동시에 간격이나 절단이 연결을 대체한다."[145]
지금까지 우리는 이미지가 운동이므로 몽타주가 어떻게 이미지들을 유리수적인 방식으로 연결시키는지, 그리고 들뢰즈가 열려 있는 것이라고 부르는 것을 변형시키는 이 닫힌 체계를, 어떻게 이 이미지들이 형성하는지를 살펴보았다. 이번에는 이 점을 사유라는 관점에서 다루어 보기로 하자. 운동-이미지는 두 방향으로 방향지어져 있고 두 측면을 가지고 있다. 두 측면이란 닫힌 집합들과 그것의 부분들의 측면과 지속, 전체, 열려 있는 것의 측면이다. 들뢰즈는 이에 대한 철학적 설명을 위해 칸트의 『판단력 비판(Kritik der Urtielskraft)』에 의존한다. 들뢰즈는 '수학적 숭고'를 참고한다. 사유는 실재를 그것의 다양체 안에서 파악하면서 현상들의 무한성 전체에 대한 이해에 도달한다. 수학적 숭고란 감각들에 의해 모든 측량을 넘어서는 것이다. "하지만 전체처럼 무한하게 생각할 수만 있을 뿐인 것, 즉 감각들의 모든 측량을 넘어서는 정신의 어떤 능력이 가리키는 것이야말로 가장 중요한 것이다."[146] 그리하여 상상력은 통약불가능한 것을 파악하지 못하는 무능력에 머무르며, 거기서 벗어나기 위해서는 닫혀 있지 않은 통일체의 형식하에서 다양체를 사유할 수밖에 없다. 운동─이미지의 영화에서 실행된 것과 같은 몽타주는 사유를 상이하고, 구분되면서도 서로 연결되어 있는 두 수준들에 자리잡게 한다. 두 수준이란 다양성(variété)의 측정 가능함과 무한이 열려 있는 한에서 전체로서의 무한의 통약불가능성이다.

이제 『운동─이미지』에 나오는 주요한 네 가지 유형의 몽타주에 대해 살펴보기로 하자. 왜냐하면 "몽타주는 영화의 기술인 동시에 영화의 사유이자 철학"[147]이기 때문이다.(이는 무엇이 영화의 철학이고 무엇이 영화의 개념들인지에 대한 논쟁을 되살아나게 한다) 들뢰즈는 첫번째 유형의 몽타주로 미국 영화의 유기적 몽타주를 들고 있다. 이 유형의 몽타주 계열의 선두는 그리피스(D. W. Griffith)인데, 그는 몽타주를 유기체로 본다. 즉 잡다한 것 속의 통일성(부분들의 잡다성을 넘어서는 하나의 통일체를 부분들 전체가 형성하는, 그러한 잡다한 부분들로 유기체가 구성되는 것처럼)이지만, 잡다한 것은 특히 이원적인 것으로, 두 부분의 대립으로 생각되며, 이는 교차 편집을 야기시킨다. 장면들(scenes)의 교차(클로즈업들과 전체를 보여주는 숏들의 교차, 등장인물들의 교차, 행위들의 교차) 뒤에는 갈등의 해소가 이어진다. 즉 통일성이 회복된다. 두번째 유형의 몽타주는 에이젠슈테인으로 대표되는 소비에트의 변증법적 몽타주이다. 미국의 평행적 몽타주(결국에는 소비에트 몽타주와 수렴하기는 하지만)와 다른 점은 충돌하고 있는 두 부분의 대립이 우연적이거나 상황적인 것이 아니라는 점이다. 이 몽타주는 통일성을 위해 작용하는 모순과 대립에 의해 진행된다. 헤겔에서와 마찬가지로, 이러한 진행의 각 계기는 변증법적 통일을 표현하고, 이 변증법적 통일 자체는 각 계기 안에서 발생한다. 주지하듯이, 하나의 대립물에서 다른 대립물로의 이행은 단순히 반대되는 것들의 부가로 요약되지 않는 새로운 역능을 야기시킨다. 이 새로운 역능이 '파토스(pathétique)'이다. "두 순간 사이에는 유기적인 관계만이 아니라 정서적인 결합(혹은 질적 비약)도 존재한다. 정서적인 결합에서는 첫번째 순간이 두번째 순간으로 옮아가기 때문에 두번째 순간이 새로운 역능을 획득하게 된다."[148] 새로운 역능으로의 이러한 이행은, 영화에서는 클로즈업의 삽입에 의해 보여진다. 미국의 유기적 몽타주와 소비에트의 변증법적 몽타주는, 미국의 유기적 몽타주가 여전히 운동에 의존적이기는 하지만, 시간관이 다르다. 에이젠슈테인과 마찬가지로 그리피스의 경우에도 시간은 간격이나 전체로 간주된다. 하지만 그리피스에게 전체는 무한하게 팽창된 시간을 가리키고, 간격은 무한하게 수축된 시간을 가리킨다. 그런데 소비에트 영화에서는 전체와 간격이 이와는 다른 의미를 갖게 된다. "전체와 마찬가지로 간격도 새로운 의미를 획득한다."[149] 간격은 질적 비약이 되고 간격의 목적은 순간의 어떤 우월한 역능에 도달하는 것이다. 반면에 전체는 상호적 인과성에 의해 생산되는 부분들로 구성되어 있다. 여기에서는 더 이상 요소들의 병치, 공존하는 요소들은 문제가 되지 않는다. "양 극단으로 열려 있는 나선은 더 이상 바깥으로부터 경험적 현실을 끌어 모으는 방식이 아니라, 변증법적 현실이 끊임없이 스스로를 재생산하고 증식하는 방식으로 존재한다."[150]

세번째 유형의 몽타주는 강스(A. Gance)로 대표되는 이른바 프랑스 유파의 양적-정신적 몽타주이다. 여기에서는 기계적 운동관을 볼 수 있는데, 이러한 몽타주는 평행주의, 대립, 변증법을 보여주려는 욕망이 아니라 동시성을 보여주려는 욕망이 그 특징이다. 세계는 서로 다른 톱니들 각각이 다른 톱니들을 끌고 가면서 멈추지 않고 움직이는 그러한 톱니바퀴로 형성된 하나의 광대한 기계로 인식된다. 그러므로 카메라는 하나의 이미지 안에서 여러 개의 이미지를 보여주어야만 하고, 하나의 이미지는 역시 전체를 보여줄 수 있어야 한다. 여기에는 시간을 사유하는 상이한 두 방식, 즉 전체로 사유하는 것과 부분으로 사유하는 두 방식이 있다. "시간은 이제 더 이상 운동들의 연속과 운동들의 통일체들의 연속이 아니라 동시주의(simultanéisme)와 동시성(simultanéité)이다. (왜냐하면 동시성은 연속성만큼이나 시간에 속하며 전체로서의 시간이기 때문이다.)"[151] 프랑스 유파는 숭고(칸트의 수학적 숭고)에 기반해서 이 동시성을 탁월하게 형상화한다. 사실상 동시주의는 상상력에 의해 생각될 수 없고, 자신의 서로 다른 크기의 질서들을 통해서 상상력을 초월한다. 동시적인 것은 상상력을 자기 고유의 무능력에 맞닥뜨리게 하는 측정되지 않는 것, 광대한 것이다.

마지막으로 네번째 유형의 몽타주는 대표적인 감독—들뢰즈는 무르나우(F. W. Murnau), 랑(F. Lang) 그리고 파브스트(G. W. Pabst)를 꼽고 있다—을 거론하기 힘든 독일 유파의 표현주의적 몽타주이다. 표현주의적 몽타주는 프랑스 유파의 몽타주와 상반된다. "빛을 반짝이게 하기 위해, 별들을 형성하거나 흐트러뜨리기 위해, 반사광들을 증식시키기 위해, 빛나는 자국들을 따라 그리기 위해서",[152] 운동은 빛을 위하여 움직인다. 빛은 어둠과의 대립 속에서 사용되지만, 이러한 대립은 이원론도 변증법도 아니다. "왜냐하면 우리는 모든 통일성 혹은 유기적 총체성의 바깥에 있기 때문이다."[153] 그런데 이러한 종류의 총체성이 사라진다면, 전체는 어떻게 사유될 수 있을 것인가. 전체는 강도(intensité)로 사유되며, 이 강도는 빛을 다루는 것에서 표현된다. 전체는 비유기적인 생의 역능으로서 사유된다. 이렇게 전체 안에서 발생하는 변화들은 빛의 변화들을 겪는다. 숏들 사이의 연결은 이제 물체들의 운동이나 두 현실 사이의 대립과 관계해서 이루어지는 것이 아니다. "랑은 전체의 강도적 변화들을 표현하는 뛰어난 잘못된 연결(faux raccords)을 발명해냈다."[154] 칸트의 수학적 숭고에 대한 참조는 더 이상 유효하지 않다. 공포가 우리의 존재를 엄습하지만, 우리가 스스로를 느끼고 그래서 우리를 무력화시키는 것보다 우월한 그러한 방식으로, 새로운 정신적 능력이 우리 안에서 생겨난다고 우리가 지각하는 것 안에서, 역학적인 숭고는 어떤 정도의 강도에 상응한다. 우리의 정신은 들뢰즈가 '사물들의 비유기적인 전체 생(生)'[155]이라고 부르는 것을 지배한다. "불에서 절정에 이르는 *사물들의 비유기적인 생*은 사탄이나 악마처럼 움직이면서 우리를 불태우고 모든 자연을 불태운다. 하지만 사탄이나 악마는, 그것들이 우리 안에 생겨나게 하는 최후의 제물에 의해 우리 영혼 안에서 정신의 비심리학적 생을 끌어내는데, 이 생은 더 이상 자연이나 우리의 유기적 개체성에 속하는 것이 아니고, 우리 안에 있는 신적인 부분이며 우리가 단독자로서 빛으로서의 신과 맺는 정신적인 관계이다."[156] 비유기적인 생은 전체를 지시하는 또 다른 방법이다. 그것은 개체화 요소, 심리화 요소 혹은 규정적 요소로서의 모든 유기성(organicité)에서 분리된 생이다.

지금까지 『운동-이미지』에서 분류하고 있는 상이한 유형의 몽타주들을 살펴보았다. 그것들의 공통점은 영화적 이미지를 전체, 열려 있는 것과의 관계에서 사유한다는 것이다. 하지만 전체가 사유될 수 있는 것은 오로지 그것이 서로 논리적으로 연결되어 있는 부분들로 구성되어 있기 때문이다. 그렇기 때문에 중요한 것은 명제들의 연결에 의해 작용하는 사유의 이미지, 자기 자신으로부터 나오지 않고 자동 생산되는 사유이다. 전체는 알랭 메닐이 보여주고 있듯이 두 가지 방식으로, 즉 이미지들의 구성이라는 관점에서 혹은 집합들의 집합이라는 관점에서 사유될 수 있을 것이다. "또한 총체화를 두 가지로 구분할 필요가 있다. 하나는 포괄적인 총체화이고, 다른 하나는 말 그대로 완성될 수 없는, 열려 있는 총체화이다. 이미지들의 구성에 대한 이해는 포괄적인 총체화에 속하며, 이 이미지들은 영화의 닫힌 집합들, 닫힌 집합으로서의 영화에 이르게 된다. 두번째 총체화로 넘어가기 위해서는 동질적인 연속, 우주 혹은 무한한 물질의 평면을 형성하는 '집합들의 집합'이라는 관념으로 이행하지 않으면 안 된다."[157]

알랭 메닐은, 이 완성될 수 없는 총체화는 카오스 위의 절단으로서 내재성의 평면일 뿐이라고 생각한다. 둘 사이에 유사한 점들이 있는 것은 사실이다. 들뢰즈는 내재성의 평면이 무엇인지를 가리키기 위해 다음과 같이 말한다. 개념들은 "공명하고, 그리고 개념들을 창조하는 철학은 언제나, 비록 열려 있기는 해도 파편화해 있지는 않은 전능한 전체(un Tout puissant)를 제시한다. 무한한 전일(全一), 전능자는 유일하고도 동일한 평면 위에서 개념들 모두를 포괄한다. 그것은 테이블, 쟁반, 둥근 잔이다."¹⁵⁸ 하지만 이 전체로부터는 시간에 대한 간접적인 이미지들만이 생겨날 수 있을 뿐이고, 순수한 시간의 솟아오름을 사유하기 위해서 이미지는 들뢰즈가 바깥이라고 부르는 사유 안의 사유되지 않는 것에 도달하려고 애써야만 한다.

바깥

들뢰즈는 다음과 같이 쓰고 있다. "우리가 지금 말하고 있는 *바깥인 전체*와 고전 영화에 대해 말하는 *열려 있는 것이었던 전체* 사이에 커다란 차이가 있는 것 같지는 않다. 하지만 열려 있는 것은 시간의 간접적인 재현과 혼동된다. 운동이 있는 곳이면 어디에든 간에, 시간 안에서 어디엔가로 열려 있는 변화하는 전체가 존재한다. …우리가 바깥인 전체에 대해 말할 때는, 이와는 완전히 다르다. 왜냐하면 무엇보다도 이미지들의 연결이나 끌어당김은 더 이상 문제가 되지 않기 때문이다. 중요한 것은 이와는 반대로 이미지들 사이의, 두 이미지들 사이의 *간격(interstice)*이다. 각각의 이미지를 공허로부터 떼어내고 다시금 공허로 떨어지게 하는 공간이 중요하다."¹⁵⁹

바깥은 열려 있는 것과는 여러 가지 면에서 다르다. 그 차이로는 이미지들 사이의 논리적 연결의 사라짐, 간격의 중요성 그리고 이미지의 기초 결핍 등을 들 수 있다.(이미지는 공허에서 와서 다시 공허로 떨어진다) 하지만 어떻게, 왜 이 되돌아옴이 일어나는가. 여기에서 문제가 되는 것은 들뢰즈의 사유에 대한 견해이다. 『시간-이미지』에서 전개되고 있는 선택의 경우를 살펴보자. 들뢰즈가 염두에 두고 있는 것은 완전히 기계적인(machinique) 개념이다. 우리는 결코 우리가 생각하는 것 혹은 우리가 행하는 것의 기원이 아니다. "(영화에 대한) 자동적인 이미지는 배역이나 배우에 대한 새로운 개념뿐만 아니라 사유 그 자체에 대한 새로운 개념도 요구한다. 잘 선택하라, 선택된 것을 효과적으로 선택만 하라."[160] 들뢰즈는 사유에 대한 주관적 개념(여기에서 자유 간접화법이 사용된다)을 밀고 나간다. 그는 사유의 외부, 바깥을 제기한다. 이렇듯 선택은 제시되며, '바깥과의 절대적인 관계'[161]로서 사유된다. 사유는 정신적인 자동인형이 되고 모든 내부성을 버리며, 사유에게는 바깥만이 있을 뿐이다. 사유와 사유 바깥의 만남은 사유를 생성되고 있는 것이게끔 하고, 사유가 스스로에게서 빠져 나가는 것을 끊임없이 사유하게끔 하고자 한다. 사유는 재인(再認)에 의해 작동되지 않으며(감각-운동 도식의 붕괴 참조), 그 결과 사유는, 사물들을 자신에게 너무 강한 것으로 지각할 뿐인 바보, 사물들에 대해 행위로 응답할 수 없는 바보의 위치에 놓이게 된다. 그리하여 또한 그 바보에게 사유는 단지 의식에 연결된 것이기를 멈추고, 그 바보에게서 사유와 사유되지 않는 것 사이의 관계가 세워진다. 이미지들은 더 이상 서로 논리적으로 연결될 수 없다. 영화에서 보아야 할 것은 더 이상 이미지들의 연속이 아니라, 이미지들 사이에 있는 것이다. "영화는 '연결되어 있는 이미지들… 이미지들의 단절되지 않은 연결, 다른 이미지들의 노예인 이미지들', 그리고 우리가 그것들의 노예인 이미지들〔'*여기 그리고 저기*(Ici et ailleurs)'〕이기를 그만둔다. 일자의 모든 영화를 몰아내 버리는 것은 '*사이*(ENTRE)'의 방법, '두 이미지들 사이'이다. '존재＝존재한다'의 모든 영화를 몰아내 버리는 것은 '그리고(ET)'의 방법, '이것 그리고 나서 저것'이다."[162]

들뢰즈가 누차 말하듯이, 시간-이미지의 영화는 재생산의 영화이기를 그친다. 왜냐하면 시간-이미지의 영화는 사유로 하여금 스스로의 바깥에 이르도록 강제하기 때문이다. 들뢰즈의 난제는 무리수적인 절단들 안에서 일자(들뢰즈에게 존재는 일자이고 일의적이다)를 받아들이는 것이다. 몽타주는 이제 더 이상 『운동-이미지』에서와 동일한 기능을 하지 않는다. 다시 말해 더 이상 영화의 통일성을 창조하기 위한 방식으로 이미지들을 연결시키지 않는다. 이와 반대로 몽타주는 이제 이미지들의 재연결을 통해 기능한다. 감각-운동 도식이 단절되기 전까지는, "영화에서 절단들, 혹은 단절들은 언제나 연속의 역능을 형성해 왔다."[163] 그런데 이른바 현대 영화에서는 그 어디에서도 오지 않은 이미지, 선행하는 이미지나 뒤따르는 이미지와 아무 관련도 없는 이미지가 등장한다. "절단은 간격이 되고, 절단은 무리수적이고, 하나가 더 이상 끝을 갖지 않는 것처럼 다른 하나는 시작을 갖지 않는 그런 집합들 가운데, 하나의 집합의 부분도 다른 집합의 부분도 아니다."[164] 바로 이러한 이유로 각 이미지를 재연결해야 하며, 그리고 매번 첫번째 이미지가 중요한 것처럼 행해야 한다. 전체가 바깥의 역능이 될 때(역능이 중요하다) 간격들에서 '비연대기적인 시간의 관계들에 따라'[165] 직접적으로 나타나는 것이 바로 시간이기 때문에, 현대 영화는 시간-이미지들을 생산한다.

이미지들은 어디에서도 오지 않고 곧바로 공허로 다시 떨어지기 위해 공허로부터 솟아 나오는 것처럼 보인다. 이미지들은 시작도 끝도 없고, 오직 중간에 있을 뿐이다. 이제 이미지는 사유의 이미지가 되고 사유의 기능을 보여준다. 『철학이란 무엇인가?(Qu'est-ce que la philosophie?)』에서 들뢰즈와 가타리(F. Guattari)는 내재성의 평면이란 사유의 이미지이며, "사유되어야만 하는 것인 동시에 사유될 수 있는 것이 아니다"[166]라고 쓰고 있다. 내재성의 평면은 모든 사유의 조건이고 카오스에 일관성(consistance)을 부여해 주는 것이다. 서로 구별되면서도 다 같이 철학이라고 불릴 만한 철학들이 있는 만큼, 내재성의 평면들, 사유의 이미지들이 존재한다. 개념들을 구성하기 위해서는 하나의 내재성의 평면을 구성해야만 하지만, 그렇다고 해서 내재성의 평면이 개념들에 선행하는 것은 아니다. 왜냐하면 개념들 없이는 내재성의 평면이 있을 수 없기 때문이다. 그리하여 내재성의 평면은 사유 안에, 그리고 동시에 사유 바깥에 존재하는 것이다. 논리적인 연결이 없는 무리수적인 이미지들은 자기 고유의 기초를 사유할 수 없는 사유와 어떤 관계를 맺고 있다. "사유는 자기 반성을 하는 것, 그리고 자신의 내부의 필연성을… 다시 한번더 획득하는 것으로 간주되고, 모든 철학은 때로는 (감각적인 외부 세계를) 위협하면서, 때로는 (신 혹은 지성적인 것에) 이롭게 바깥의 애매성(equivoque)에 사로잡혀 있는 것처럼 보이며, 바깥과의 필연적인 관계는 사유의 본성 자체 안에 설명할 수 없게 새겨져 있다."[167]

사유는 출발점으로 되돌아옴으로써 자신의 기초를 바깥에 두는 데 실패하지만, 철학은 근본적인 외재성(外在性)을 긍정함으로써 자신의 참된 기초를 획득한다. 그 기초란, "사유란 중간에서만 이루어진다"는 것이다. 사실 철학의 시작, 기초는 철학에 의존하지 않는다. "철학이 외재성과의 절대적인 관계를 긍정하는 것은, 철학이 재인의 요청을 거부하는 것 그리고 철학이 이 바깥을 이질성과 분산인 *이 세계* 안에서 긍정하는 것과 동시적인 것이다."[168] 영화적 이미지들은 솟아오르면서, 기초는 바깥이고 사유는 자신 안에서 자기의 기원을 발견할 수 없다는 사실을 끊임없이 다시 긍정한다.

사유-이미지란 무엇인가

이것은 결정적인 답변이 곤란하고 단지 성찰의 발자취를 부분적으로만 제시할 수 있을 뿐인 매우 어려운 질문이다. 그런데 사유의 이미지라기보다는 사유의 영화적 이미지라고 하는 것이 더 정확할 것이다. 왜냐하면 앞서 보았듯이 '사유의 이미지'라는 표현은 『철학이란 무엇인가?』에서 이야기하는 내재성의 평면과 일치하는 것이기 때문이다. (그러나 내재성의 평면과 직접적인 시간-이미지들이 제시하는 사유의 이미지 사이에는 어떤 연관이 존재한다.) 우선 혹시 있을지도 모를 오해부터 제거할 필요가 있다. 들뢰즈는 사유를 보이는 것으로 만드는 능력, 이미지들을 수단으로 사유를 재현하는 능력을 영화에 부여하지 않았다. 오히려 영화의 특징은 우리 안에 사유를 불러일으키는 데 있다. "왜냐하면 영화 이미지는 스스로를 운동으로 '만들고', 다른 예술들은 요청하는(혹은 말하는) 것으로 만족하는 데 그치는 것을 실행하고, 다른 예술들의 본질적인 것을 수용하고 상속받기 때문이다. …자동적 운동은 우리 안의 정신적 자동인형을 깨워 일으킬 뿐만 아니라 정신적 자동인형의 작용에 반작용한다."[169]

영화는 우리 안에 사유의 가능성을 창조해내고 사유의 기회를 제공하며 우리의 사유를 진동하게 한다. 이것이 바로 들뢰즈가 사유의 충격(noochoc)이라고 부르는 것이다. 그래서 영화는 다른 예술들과 구별되는 특별한 예술이다. 이미지는 운동을, 사유에 고유한 운동을 자신 안에 포함하고 있다. 예를 들어, 회화적 예술에서는 이미지들은 움직이지 않으며, 그 이미지들을 움직이는 것으로 만들려는 노력을 해야만 하는 것은 다름 아닌 정신이다.(왜 어떠한 대가를 치르고서라도 이미지들을 움직이는 것으로 만들어야 하는가. 베르그송을 따라 이미지는 정의상 움직이는 것이라고 보지 않는 한, 이 질문에 답할 수 없을 것이다. 하지만 이 경우 만일 이미지가 이미 움직이는 것이라면, 이 이미지에 정신이 운동을 다시 부가해 봐야 무슨 소용이 있겠는가) 영화의 경우에는, 운동은 이미 거기에 있다. 그렇다면 이 사유의 운동이란 어떤 것인가. 앞서 보았듯이, 그것은 (운동—이미지의 경우에는) 부분들로 환원되지 않는 전체를 그 부분들로부터 출발해서 사유하게 하는 정신의 순환이고, (시간—이미지의 경우에는) 자신의 무능력을 설명하고 사유 안의 사유되지 않는 것에 도달하기 위해서 솔직히 마음을 터놓도록 사유가 행하는 운동이다.

운동—이미지의 영화에서 사유의 이미지를 고찰해 보기로 하자. 이미지와 사유의 관계는 삼중적(triple)이다. 에이젠슈테인에게서는 이 관계가 일차적으로는 "이미지에서 사유로, 지각된 것에서 개념으로"[170] 이행하는 운동으로 나타날 수 있다. 이미지들과 그 구성요소들은 전체(사유될 수만 있고 재현되지는 않는)를 사유하게끔 되어 있는 정신에 충격을 가하며, 그에 따라 사람들은 부분들로부터 전체로 이행한다. 그런데 들뢰즈는 이러한 정식화에서 『시네마』의 주요 문제인 영화와 철학의 관계를 제기한다. 그는 이 문제를 결코 사유와 영화에 관한 장의 맨 처음부터 다루지 않는다. 이미지에서 사유로 이행한다는 것, 지각된 것에서 개념으로 이행한다는 것은 무엇을 의미하는가. 철학자에게 사유란 철학만의 특성이 아니다. 사유는 예술과 과학의 특성이기도 하다. 철학은 개념들을 창조하면서 사유하고, 과학은 기능들을 창조하면서 사유하고, 예술은 지각된 것들을 창조하면서 사유한다. "사유한다는 것은 개념들을 통해, 혹은 기능들을 통해, 혹은 감각들을 통해 사유하는 것이다. 이러한 사유들 중 하나가 다른 사유들에 비해 더 훌륭한 것도, 더 충분한 것도, 더 완전한 것도, 더 종합적으로 '사유'인 것도 아니다."171 영화는 예술에 속한다. 그렇다면 영화에서는 어떻게 정감에서 개념으로 이행하는가.

사유와 이미지의 관계는 부분에서 전체로만이 아니라 전체에서 부분 쪽으로도 가는 운동에 의해서 형성된다. '갔다가 돌아오는' 이 운동은 "헤겔의 방식에 따라 지(知)를 형성한다. 이 운동은 한 운동이 다른 운동 쪽으로 이행하는 두 개의 운동인 이미지와 개념을 재결합한다."172 분명히 헤겔은 예술을 통해 감각적 질료 안에서 표현될 가능성을 개념에 부여한다. 지성적인(intelligible) 것은 감각적인 것에 내재하고 무한은 유한 안에서 표현된다. 하지만 이러한 방법으로는 어떻게 영화에서 철학적 이론으로 이행할 수 있는지를 알 수 없다. 영화의 역사는 정말로 철학의 역사를 복제하는가, 아니면 단지 그것과의 비교일 뿐인가. 철학이 자신의 고유한 개념들을 여기에서는 영화로 대표되는 예술에 적용한다는 것에 대해서도 고려해 볼 수 있겠다. 영화와 사유 사이의 세번째 계기, 세번째 관계는 다음과 같다. "세번째 관계는 이미지에서 개념으로의 관계도, 개념에서 이미지로의 관계도 아니고 개념과 이미지의 동일성이다. 개념은 즉자적(即自的)으로 이미지 안에 존재하고, 이미지는 대자적(對自的)으로 개념 안에 존재한다."[173] 이미지와 개념은 하나를 이룰 뿐이다. 이러한 정식화들은 모두 대단히 모호한데, 이는 들뢰즈가 영화와 철학의 관계를 충분히 명확하게 설명하지 않은 데 그 원인이 있을 것이다. 운동-이미지의 수준에서는 영화와 사유의 관계에 관해 본질적으로 다음의 세 가지 점을 염두에 두어야 할 것이다. "*우월한 의식의 포착 안에서만 사유될 수 있는 전체와의 관계, 이미지들의 잠재의식적인 전개에서만 형상화될 수 있는 사유와의 관계, 세계와 인간, 자연과 사유 사이의 감각-운동적 관계.*"[174]

우리는 들뢰즈가 말하고 있는 것이 무엇인지를 잘 알고 있다. 앞에서 이미 사유는 전체를 포착해야 한다는 들뢰즈의 견해를 다루었는데, 이 견해를 재검토할 것이 아니라면, 남는 문제는 어떻게 개념과 이미지가 등가성에 이르게 되는지를 이해하는 것이다. 어떻게 이미지들로부터 개념들이 생산되는가. 분명한 것은 관심 대상이 영화 자체가 아니라 영화가 야기하는 개념들이라는 점이다. 알랭 바디우는 다음과 같이 말하고 있다. "*영화-경우의 강제 아래에서, 다시 시작하고 있으며 또 영화를 영화 혼자서는 존재하지 않는 바로 그곳에 존재하게 하는 것은 이렇듯 여전히 언제나 (들뢰즈의) 철학임을 명심하자. …궁극적으로 볼 때, 들뢰즈의 문장 속에서 경우들이 던져 주는 다수의 다채로운 광채는 단지 일시적인 가치만을 가질 뿐이다. 오히려 여기에서 중요한 것은 개념들 자체가 보여주는 비인격적인 가치이다. 실제로 개념들은 자체의 내용 안에서 다른 개념들하고만 관계를 가질 뿐, '주어진' 구체적인 무엇과는 결코 아무런 관계도 맺지 않는다. …영화에 관한 들뢰즈의 저서들의 내용이 운동과 시간에 관한 그의 이론과 관련되어 있는 것, 그리고 영화가 그곳에서 조금씩 조금씩 중립성과 망각의 위치에 놓이게 되는 것은 바로 이러한 이유 때문이다.*"[175] 분명히 철학은 영화보다 우월한 위치에 있으며, 영화는 영화에 대한 사유에서 출발해 개념들을 만들어낼 수 있는 기회일 뿐이다. 그렇다고 해서 영화의 내부에서 지각들로부터 개념들로의 이행이 어떻게 가능한지가 설명되는 것은 아니다. 영화는 지각과 개념을 동시에 창조하는 실천, 예술과 철학 사이에 위치한 특별한 실천이라고 봐야 하는가. 들뢰즈는 답한다. "나는 개념이 지각의 차원과 정감의 차원이라는 두 개의 상이한 차원을 포함하고 있다고 생각한다. 나에게 중요한 것은 이미지들이 아니라 바로 이것이다. …정감, 지각, 개념은 분리될 수 없는 세 가지 역능들이다. 이것들은 예술에서 철학으로, 또한 그 역으로도 이행한다."176 (이 이행이 『시네마 1』과 『시네마 2』가 이미지들과 기호들의 분류 이상의 것이라고 주장할 수 있는 근거이다.) 영화가 이 세 가지 역능들을 소유할 수는 있을 것이다. 하지만 이런 것들은 들뢰즈가 영화를 바라볼 때 가장 중요하게 보는 것이 아니다. (그는 영화에 대한 철학적 분석을 하는 것인가. 아니면 새로운 영화사를 만들고 있는 것인가. 아니면 영화미학을 만들고 있는 것인가.) 오히려 들뢰즈의 기획이란, 영화 자체가 어떤 점에서 우리로 하여금 개념들과 지각들(그리고 정감들)을 통해 영화를 사유하도록 강요하는가를 보여주는 것이다.

지금까지는 운동-이미지의 영화에서 이미지와 사유의 관계를 살펴보았다. 이번에는 시간-이미지의 영화에서 이 관계를 고찰해 보도록 하자. 들뢰즈는 아르토(A. Artaud)에 대한 성찰에서 출발해 이 관계를 사유한다. 아르토는 사유의 무능력을 내세웠다. 사유는 전능한 능력이 아니라 이해한 것을 합리화하는 능력이다. 사유의 특징은 그 '무능력'에 있다. "그리고 사유는 결코 (무능력 이외의) 다른 문제를 가진 적이 없다."177 사유는 더 이상 전체를 사유할 수 없으며, 자신의 전능을 상실했다. 그렇게 전체는 균열, 간극이 된다. 사유 안에는, 사유가 필연적으로 사유하고자 하지만 사유를 끊임없이 궁지에 빠지게 만드는 사유될 수 없는 것이 존재한다. "사유에 대한 물음, 사유의 본질적인 무능력에 대한 물음, 그 무능력에서 생겨나는 것에 대한 물음에 답하기 위해 우리는 영화의 방법이란 어떠한 것인지를 묻는다."178 이 방법은 (또다시 그리고 언제나) 감각-운동 도식의 단절이며, 인간과 세계의 관계의 단절로부터 나온다. 인간은 보는 자가 되고, 사유는 명제들을 논리적으로 연결시키는 능력이기를 그만두고는 사유될 수 없는 것, 참을 수 없는 것과 마주친다. 참을 수 없는 것은 우리의 사유 능력을 감소시키지 않으며, 오히려 사유 능력의 본질적 특징을 드러낸다. "아르토는 결코 사유의 무능력을 사유와 관련해 우리에게 주어진 단순한 열등함으로 보지 않았다. 사유의 무능력은 사유에 속한다. 따라서 전능한 사유를 회복하려고 할 것이 아니라, 사유의 무능력을 우리의 사유 방식으로 삼아야만 한다."[179]

인식(connaissance)은 믿음에 자리를 내주어야 한다. 사유는 모든 것을 인식하기에는 부적절하고 본성상 결함이 있으므로, 우리를 세계에 결합시키는 관계는 믿음을 통과해야만 한다. 이것이 바로 현대 영화가 영화 만드는 일의 임무로 삼고 있는 바이다. 왜냐하면 "현대적인 사실(fait)은 우리가 더 이상 이 세계를 믿지 않는다는 것"[180]이기 때문이다. 논리적으로 연결되는 이미지들의 연장에 의해 세계를 재현하는 것은 사라져 버렸고, 시간-이미지는 이미지와 사운드 트랙의 분리를 통과하는 통약불가능한 것들의 지배가 생겨나는 것을 보게 된다.

운동-이미지에서 시간-이미지에 이르는 과정에서, 사유의 이미지는 변형되고 진보한다. 알랭 메닐은 이를 주목한다. "이미지들 안에서 사유하기 혹은 이미지들로 사유하기란, 결국은 '이미지를 지각만의 영역이 아니라 사유의 영역에도 속하게 하려면 이미지를 어떻게 보아야 할 것인가' 라는 질문에 비해 부차적인 질문일 뿐이다."[181] 시간-이미지의 출현과 더불어 직면하게 되는 것은 더 이상 사유의 이미지가 아니라 사유-이미지의 형성이다. 사실 시간-이미지는 재현적인 것이라고 볼 수 없다. 시간-이미지는 여기에서 사유라고 지칭되는 재현 불가능한 것과 기묘한 관계를 맺고 있다. 이미지는 사유를 보게 해줄 수는 없다. 오히려 사유가 제시되는 것은 이미지 안에서이다. 왜냐하면 사유는 공간과는 아무런 관련도 없고(그러므로 사유는 평평한 평면 위에서 재현될 수는 없다), 시간과 관련이 있기 때문이다. 우리는 시간-이미지와 더불어 진정한 사유-이미지들을 획득할 수 있을 뿐이다. 하지만 이미지 안에 존재하는 보이지 않는 것은 초월성이 아니라 절대적인 내재성이다. 사유-이미지들은 사유를 불러일으키고, 사유를 사유가 아닌 것 쪽으로 나아가게 한다. 앞서 운동-이미지의 영화에서 보았듯이, 사유의 이미지는 스스로의 작용과 연결을 보게 해주었다. 그런데 사유-이미지들이 이러한 사유의 이미지를 대체했다. 이제 사유는 이미지의 구성요소가 된다. 사유는 이미지에 외적인 대상으로 이해되어서는 안 된다. 이때 이미지는 외적인 대상을 재현하리라고 가정된다.

Image-mouvement et image-temps: une seule et même image?

운동–이미지와 시간–이미지:
하나의 동일한 이미지?

3

1. 시간–이미지의 우월성에 대해 말할 수 있는가

두 저작의 구조

『운동–이미지』와 『시간–이미지』는 『시네마』라는 하나의 전체를 구성하는 두 저작이다. 이 두 저작의 제목은 영화가 두 개의 계기로 나누어질 수 있는 것과 마찬가지로, 대조를 이루며 어울린다. 두 종류의 이미지는 대체로 두 개의 역사적 시기에 상응하고, 이미지에는 두 체제가 있다. …하지만 이 이분법은 더 복잡하다. 감각–운동 도식이 깨어질 때 단절 지점이 생산되고 그와 함께 새로운 영화적 기호들이 등장할 수 있게 되는 것은 분명하다. 하지만 들뢰즈는 이것이 운동–이미지와 시간–이미지 사이의 유일한 이행은 아니라고 말한다. 들뢰즈의 분석은 완전하지 않고 부분적인데, 그 이유는 다른 종류의 이미지들이 발견될 수도 있기 때문이다. 감각–운동 도식의 단절은 운동–이미지와 시간–이미지 사이의 중심적인 대칭점이 아니다. 우리는 이를 입증하기 위해, 두 저작의 형식적인 구조를 분석할 것이고, 또한 두 저작이 사실상 하나의 저작을 형성한다는 주장과는 달리 각기 상이한 기획에 대한 응답이라는 것을 보여줄 것이다.

우선 들뢰즈의 기획이 두 저작으로 분리되어 있는 문제부터 살펴보아야 할 것이다. "『시네마』가 두 권으로 분리되어 있는 것은 (비록 두 종류의 이미지 각각에 역사적 시기를 유효하게 할당하는 것 자체가 모호성을 가짐에도 불구하고) 명확하며, 기능적이고, 특정한 역동적 효과를 가진다."[182] 그 기능은 본질적으로 교육학적이다. 두 저작의 분리는 영화가 운동-이미지와 시간-이미지라는 두 개의 주요 이미지를 중심으로 조직화해 있다는 것을 잘 알 수 있게 해준다. 앞으로 보게 되겠지만, 운동-이미지와 시간-이미지는 서로 독립적으로 사유될 수 없다. 왜냐하면 그 이미지들은 실제로 끊임없이 여러 차원에서 증식하는 하나의 동일한 이미지의 두 계기이자 상이한 두 측면이기 때문이다. 하지만 『운동-이미지』와 『시간-이미지』는 문체와 방법에서 매우 분명한 차이가 있다. 『운동-이미지』가 더 체계적인 것으로 보인다. 『운동-이미지』에서는 『시간-이미지』에서보다 훨씬 더 명확하게, 이미지들이 기술되고 기호들이 분류된다. 『운동-이미지』의 끝에 실려 있는 어휘집이 그 증거이다. 이 어휘집은 이미지들과 발견되거나 수정된 기호들을 요약하고, 간략히 정의하고 있다. 『시간-이미지』에는 그런 것이 없다. 일부러 그런 것일까. 우리가 영화에서의 '이미지들과 기호들의 분류'에 관한 저작을 마음속으로 그릴 때, 그에 더 정확히 부합하는 것은 『시간-이미지』가 아니라 『운동-이미지』이다. 『운동-이미지』는 부득이한 경우에는 심지어 도표와 도식으로 요약해서 전체 내용을 빠른 시간 안에 파악할 수 있는 기능적인 저작인 데 비해, 『시간-이미지』는 전통적인 철학책과 유사하다. 『시간-이미지』에서 들뢰즈는 시간에 대한 자기 나름의 견해를 펼치며, 자신이 이미 철학 저술들에서 전개한 바 있는 진리관, 플라톤 비판, 이질성으로서의 시간 등과 같은 분석들을 다시 채택하고 있다.

이러한 언급들로부터 우리가 잠시 멈추고 싶어지는 두번째 지점이 생겨난다. 두 저작의 출판 사이에는 (당연히) 시간이 흘렀고, 이 기간 동안에 들뢰즈의 작업 방향에 다소 변화가 있었던 것으로 보인다. 장-루이 뢰트라(Jean-Louis Leutrat)는 『만화경(Kaléidoscope)』에서 이에 관해 언급하고 있다. "들뢰즈의 저술들에는 집필하는 동안에 읽은 책들의 내용이 반영되어 있는 경우가 종종 있는데, 이 책의 경우도 그렇다. 들뢰즈는 『운동-이미지』와 『시간-이미지』 사이의 기간에 (1983년에 출간된) 세르주 다네(Serge Daney)의 『각광(*La Rampe*)』을 읽었고, 『시간-이미지』에서 이 책을 아주 많이 인용하고 있다.(실제로는 『각광』에서 이야기하고 있는 영화의 형식들 중에서 더 현대적인 형식들에 관심을 쏟고 있다) 하지만 더 본질적인 것은 『운동-이미지』에서의 약속(만일 시간에 대한 직접적인 이미지들이 존재한다면, '우리는 그것들을 한참 후에나 볼 수 있을 것이다')과 그 실현 사이의 기간 동안에 이 책에 대한 생각 자체가 변했다는 것이다. …그리하여 이 책을 읽는 사람은 잘못 연결(faux raccord)[183]되어 있다는 느낌을 갖는다."

『운동-이미지』에서 다루어진 많은 주제들이 『시간-이미지』에서도 다루어지지만, 문제틀은 바뀐다. 장-루이 뢰트라가 시사하고 있는 '거짓된 연결'의 경우를 예로 들 수 있다. 거짓된 연결들은, 『운동-이미지』에서는 집합들과 그 부분들을 빠져 나가는 열려 있는 것의 영역으로 간주되고, 앞서 본 바와 같이 열려 있는 것의 영역에서 오로지 사유될 수만 있는 전체의 현현(顯現)이지만, 『시간-이미지』에서는 다른 것의 기호, 즉 순수한 시간의 기호이다. 이전에는 거짓된 연결들이 비정상적인 운동을 시간에 대한 특정한 재현의 조건으로 만들었지만, 이제는 "비정상적인 운동이 시간에 의존한다."[184] 관계들이 역전되면서, 하나의 동일한 과정이 두 개의 상이한 기호들을 생겨나게 할 수 있다. 하지만 거짓된 연결들의 두 측면이 드레이어(C. T. Dreyer)의 〈게르트루드(*Gertrud*)〉라는 하나의 영화에 속할 수 있다는 것이 바로 『운동-이미지』와 『시간-이미지』를 비교하면서 제기되는 문제이다.

더욱이 들뢰즈는 『운동-이미지』에서 운동-이미지와 관계되는 모든 것을 개진하지는 않으며, 운동-이미지를 다루고 있는 많은 측면들, 즉 진리, 몸, 특히 사유 등은 『시간-이미지』에서도 전개되고 있다. 요컨대 『시간-이미지』는 운동-이미지와도 관련이 있고, 또한 첫번째 책에서는 고려되지 않았던, 글자 그대로 철학적인 많은 분석들에 초점을 맞추고 있다. 거꾸로 말하면, 시간-이미지는 이미 『운동-이미지』에서 예고된 것이다. 하지만 시간-이미지를 주로 다루고 있는 두번째 권에서 우리가 다시 만나게 되는 것은 이 예고된 시간-이미지가 아니다. 무엇보다도 들뢰즈는 우리에게 진정한 시간-이미지를 직접적으로 제시하지 않는다. 시간-이미지를 위해서는 크리스탈-이미지들이 있어야 하는 반면, 운동-이미지는 우리에게 단번에 주어진다. 그렇기 때문에 시간-이미지는 포착될 수 없는 것으로 나타나고, 우리는 시간-이미지에 대해 말할 수는 있지만 만족할 만한 정의를 내릴 수는 없다. "우리가 시간에 대한 직접적인 이미지를 가질 수 있다고 한다면, 그 시간이란 무엇인가. 이상하게도 질 들뢰즈는 자신의 영화 이론을 다룬 두 저작에서 이 가장 심오한 질문에 답하지 않은 채 내버려 두고 있다."[185] 그런데 시간에 대한 이 복잡한 물음에다가, 그와 상보적인 관계에 있는 사유에 대한 물음이 더해진다. 『시간-이미지』는 시간에 대한 순수한 이미지가 무엇인지, 그리고 어떤 이미지가 어떻게 사유의 이미지(사유-이미지)일 수 있는지를 다루고 있다.

따라서 두 저작은 전혀 대칭적이지 않다. 훨씬 더 체계적인 『운동-이미지』와는 달리, 『시간-이미지』는 분류학의 단순한 구상의 문제와는 다른 문제들을 다루고 있다.

모든 판단의 거부

들뢰즈는 상이한 종들을 조사하고 분류하는 과학적인 방식에 따라, 영화 이미지들과 기호들을 분류하고 있다고 주장한다. 『시네마』는 분명히 분류학으로서 제시되고 있다. 그러므로 이미지들 사이의 분화의 원리는 미학적 판단에도, 취미 판단에도, 어떤 가치에도 근거를 두지 않는다. 이러한 것은 문제되지 않는다. "운동-이미지와 시간-이미지 사이에는 수많은 가능한 이행들, 거의 지각될 수 없는 경로들, 심지어는 섞여 있는 것들도 존재한다. 우리는 더 이상 어떤 하나가 다른 하나보다 더 낫다거나, 더 아름답다거나, 더 깊은 것이라고 말할 수 없다. 우리가 말할 수 있는 것이라고는 운동-이미지는 우리에게 시간-이미지를 제공하지 않는다는 것뿐이다."186

들뢰즈가 몰두하고 있는 과제는 이미지 안에서 작동하고 있는 힘들을 이해하고 명료히 하는 일일 것이다. 하지만 들뢰즈는 과연 이 이미지나 저 이미지에 결코 치우치지 않으면서 완전히 객관적으로 그 일을 하고 있는 것일까. 우리가 느끼기에, 어떤 영화 작가들은 유달리 자신의 관심을 유지하고 있다. 왜냐하면 그 영화 작가들은 자신의 철학과 동일한 주제들을 탐구하고 있기 때문이다. 시간을 순간들의 연속으로 보지 않고, 시간을 연대기적으로 사유하지 않는 알랭 레네의 경우를 예로 들어 보자. 그의 영화는 그 자신의 철학과 밀접한 관계를 맺고 있다. 레네는 둘도 없는 협력자들과 함께 철학과 영화의 드문 결합을 해내면서 "영화사에서는 완전히 새롭고, 철학사에서는 완전히 살아 있는, 철학에 대한 영화를 만들었고, 사유에 대한 영화를 만들었다."187 들뢰즈 자신이 운동-이미지의 영화보다 시간-이미지의 영화를 선호한다는 사실을 분명하게 밝히지 않는 것은 부조리하다. 왜냐하면 운동-이미지와 시간-이미지 모두 걸작들을 탄생하게 해준 것이기는 하지만, 자크 랑시에르(Jacques Rancière)의 말처럼 시간-이미지가 들뢰즈 고유의 이론적인 요구들에 상응한다는 것을 무시하고서는 들뢰즈 미학의 가설을 구체화할 수 없기 때문이다. 들뢰즈에게 예술이란, 인간적 형상(figure)이 유기체와 닮은 점이 있다는 점에서 인간적 형상을 해체해야만 하며, 재현에서 신인동형론을 거부해야만 한다. 작품은 구상적(figurative)일 수 있지만, '기관 없는 몸'이 되기 위해 스스로를 비유기화하는 것, 사물들의 '비유기적인 생'에 도달하는 것을 원리로 삼는다. 시간-이미지는 이러한 예술 개념에 잘 부합한다. 그리고 들뢰즈가 거부하는 구상적인 것들은 "감각-운동적 데쿠파주(découpage)와 지각적 세계의 기표이다. 이 기표는, 인간이 세계의 중심이 될 때 인간에 의해 유기적으로 조직화되는 그러한 세계의 기표이다."[188] 그렇다면 들뢰즈가 두 이미지 중 하나의 이미지가 다른 이미지보다 우월하지 않다고 말할 때, 그 말을 곧이곧대로 받아들여야 할까. 분명 우리는 하나의 이미지가 다른 이미지보다 더 아름답다고 말할 수는 없을 것이다. 하지만 그리 만족스럽지는 않더라도 철학적 요구의 관점에서는 시간-이미지가 운동-이미지를 넘어서야 한다고 말할 수 있을 것이다. 들뢰즈는 마치 자신이 영화의 두 계기에 대해 중립적이고 객관적인 입장을 취하고 있는 듯이, 그리고 자신이 이 두 계기를 만들어냈으면서도 자신은 단순한 관찰자인 듯이 행동한다.(영화들이 정말로 들뢰즈가 제안하는 기호론에 따라 분석될 수 있는지 여부를 따져 보는 것은 흥미로운 일일 것이다) 들뢰즈는 철학을 내재성의 철학과 그 밖의 철학으로 나누듯이 영화도 두 부분으로 나눈다. 분명히 그는 이 진영에 속하든가, 저 진영(en l'occurence dans le second)에 속하든가 해야 한다. 들뢰즈가 현대철학을 내세운다는 이유로 그를 현대 영화 진영에 위치시킬 수 있다면, 고전 영화와 현대 영화의 구분은 진정으로 의미를 가지게 된다. 이탈리아 네오리얼리즘의 단절을 기점으로 해서 앞뒤로 고전 영화 *대* 현대 영화로 구분하는 것을 재검토하려는 경향이 있다. 예를 들어, 도미니크 샤토(Dominique Chateau)가 지적하듯이 영화는 현대성과 함께 탄생된 예술이기 때문에 모든 영화는 현대적이라고 생각할 수도 있을 것이다. 그렇게 되면 영화에서 고전주의에 대해 말하는 것은 아무 의미도 없게 될 것이다. 그렇다고 해서 이런 주장이 들뢰즈가 운동-이미지의 영화들과 감독들을 좋아하지 않았다는 것을 입증하려는 것은 결코 아니다. 만일 그렇게 말한다면, 그것은 그릇되고 부조리할 것이다. 여기서 입증하려는 것은, 에이젠슈테인처럼 들뢰즈가 존경하는 고전적인 영화 작가들에게조차도 현대 영화 작가들에 비해서는 평가절하된 방식을 사용한다는 점이다. 이런 식으로 에이젠슈테인은 '영화에서의 헤겔'로 다루어지고, 이러한 들뢰즈의 표현은 분명 찬사는 아니다.

들뢰즈는 자신이 모든 가치판단을 거부한다고 주장하지만, 우리는 들뢰즈가 시간-이미지를 운동-이미지보다 더 본질적으로 영화적인 것으로 간주한다고 지적할 수 있을 것이다.

영화의 본질로서의 시간-이미지

운동-이미지는 시간의 간접적인 나타남이고, 시간-이미지는 시간의 직접적인 나타남이다. 그리하여 영화적 이미지의 특성이란 시간을 제시하는 것이며, 우리는 운동-이미지를 불완전한 나타남으로, 그리고 시간-이미지들에 의해 순수한 시간의 직접적인 나타남에 도달할 수 있기 위해 넘어서야 하는 첫번째 계기로 간주할 수 있을 것이다. 들뢰즈는 이 두 이미지 중 하나가 다른 하나보다 더 아름답다고 보는 것을 거부하지만, 그의 두 저작에서는 시간-이미지가 운동-이미지보다 더 본질적으로 영화적인 것으로 나타난다. 그 증거로 다음의 구절을 들 수 있다. "시간-이미지에서 타르코프스키(A. A. Tarkovsky)의 소망들(voeux)이 실현되며, '(시간-이미지에서) 영화는 감각들을 통해 지각 가능한 자신의 표시들 안에(기호들 안에) 시간을 고정시킨다.' 영화는 특정한 방식으로 그러한 일을 계속해 왔지만, 다른 방식으로는 운동-이미지의 위기에 힘입어 영화의 발전 과정 안에서만 그러한 것을 자각할 수 있었다. 니체의 말을 빌리면, 새로운 어떤 것, 새로운 예술은 결코 맨 처음부터 자신의 본질을 드러낼 수 없다. 새로운 예술은 처음 시점 이후로만 자신의 발전이라는 우회로를 통해서 본질을 드러낼 수 있다."[189]

왜 시간-이미지가 영화의 진정한 본질인가. 첫째로 운동-이미지는 언어와 매우 유사한 기능을 가지고 있어서 이미지들의 구성적인 힘들을 충분히 드러내지 못하기 때문이다. 시간은 (나타나는 것이 아니라) 재현되는 것이고 운동을 통해서만 사유될 수 있는 것이기 때문에, 운동-이미지는 매개적이다. 언어는 우리에게 사물들을 더 이상 직접적으로 제시해 주지 않는다. 언어는 사물들과 우리의 사유 사이에서 매개로서 기능하며, 자신이 지시하는 물질을 재현하고, 그렇게 함으로써 그 물질을 필연적으로 변형시킨다. 영화적 기호들에서도 동일한 과정이 일어난다. "하지만 기호들이 자신의 물질을 운동-이미지에서 발견하고, 운동하고 있는 물질의 독특한 표현들이 갖는 특징들을 형성하는 한에서, 기호들을 언어와 혼동하게 하는 일반성(généralité)을 다시금 불러일으킬 위험이 있다."[190] 그 자체로서의 운동-이미지는 유비적이지 않으며, 대상을 재현하지 않는다. 이와 반대로 운동-이미지는 들뢰즈에 의해 대상의 *변조(modulation)*로 사유되고, 우리로 하여금 대상의 '모든 측면들 아래에서의 변이(variation)'를 보게 한다. 그렇기 때문에 운동-이미지를, 단어들이 정확한 의미를 가지고 있고 실재의 틀로서 존재하는 것을 임무로 한다는 의미에서의 언어와 동일시할 수는 없다. 하지만 운동-이미지의 영화는 다른 관점에서는 언어와 가깝다. 운동-이미지의 영화는 오직 매개를 통한 사유 안에서만 존재할 뿐이기 때문이다.

그리하여 들뢰즈의 경우에는 내러티브적인 본성에 의해 이미지들을 수단으로 스토리를 이야기하는 것이 영화의 주된 특징이라고 할 수 없을 것이다. "서사는 결코 이미지들이 명백하게 주어진 것도, 이미지들의 기초가 되는 구조의 효과도 아니다. (서사는) 무엇보다도 대자적으로 정의되는 바대로의 그러한 명백한 이미지들 자체의 결과이고, 즉자적인 감각적 이미지들 자체의 결과이다."[191] 서사는 운동-이미지의 경우에는 몽타주의 생산물이다. 그런데 시간-이미지의 경우에 서사는, 시간이 자신의 이질성 안에서 사유되기 때문에(그 역은 성립하지 않는다) 거짓된 것이 된다. 영화적 이미지는 본질적으로 서사적인 것이 아니고, 이야기하지 않고 보여준다. 그리고 이야기하지 않고 보여주기 위해서는 운동-이미지에서 시간-이미지로, 시간에 대한 간접적인 이미지를 제공해 주는 몽타주에서 시간의 직접적인 솟아남을 보여주는 몽타주로 이행해야만 한다. "직접적인 시간-이미지는 언제나 영화에 붙어 다니는 유령이지만, 이 유령을 육화시키기 위해서는 현대 영화가 필요했다."[192] 궁극적으로 직접적인 시간-이미지들에 이르지 못하는 영화는 자신의 본질을 완성시키지 못하는 영화일 것이라고 들뢰즈는 분명히 말한다. 여기서 우리는, 운동이 들뢰즈의 사유에서 새로운 지위를 얻게 된다는 것을 이해할 수 있다. 시간이 솟아오름이 되기 때문에, 운동은 시간 자체에 의해 생산된 변화로서 사유된다. "운동은 더 이상 공간 안에서의 물리적 운동이라고 생각할 수 없다. 운동은 시간 안에서의 변화 형식으로서 재정의되어야만 한다. 이것이 궁극적으로 『시간-이미지』에서 '운동'의 의미이다. 시간의 직접적인 이미지는 시간의 창의성(inventivité)을 보여준다. 다시 말해 반복되는 매 순간마다 새로운 것과 의외의 것을 나타나게 하는 가능성을 보여준다."[193]

영화의 본질은 사건, 다시 말해 시간의 솟아오름이나 특이성을 보게 하는 데 있다. 영화는 기술하지 않고 보여준다. "몽타주는 '보여주는 편집(montrage)'이 된다."[194] 영화는 문학과 마찬가지로 들뢰즈가 환경(milieux)이라고 부르는 것을 보여주어야만 하지만,[195] 다만 이미지들을 이용해서 그렇게 해야 한다. 이 환경 안에서 작동하고 있는 것이 바로 힘들(forces)이다. 세계는 서로서로 작용하는 힘들로 구성되어 있다. 하지만 이 힘들은 몸들로 환원될 수 없다. 왜냐하면 몸들은 힘들이 자기 자신을 넘어서, 자신의 겉봉(enveloppe)을 넘어서 작용하는 것을 방해하기 때문이다. 힘들은 몸들의 재현의 한계를 벗어난다. 바로 여기서 『운동-이미지』와 『시간-이미지』가 몸들을 다루는 차이가 드러난다. 즉 수직적이고, 안정적이고, 중심이 있는 몸들 대 분절화되지 않고, 탈중심화된 몸들. 단일 중심적인 몸이 사라지기 때문에, 관점들의 다양성, 이질성, 부조화성(dispars)이 제기될 수 있다. "부조화성은 재현을 몰아내고, 관점들의 차이는 도주선(逃走線, ligne de fuite)을 제시하고",[196] 주체는 해소되어 진정으로 시간적인 것이 되면서 특이성들의 다양체에 눈을 뜨고 거짓말쟁이가 된다. 영화는 언제나 서로 다른 시뮬라크르들의 현실화 안에서 형성되는 같은 것(le même)의 영원회귀를 보여주어야만 한다. 그런데 시간-이미지만이 바깥과 진정한 관계를 맺고 있기 때문에 그렇게 할 수 있다. 예술과 마찬가지로 철학도 "바깥을 솟아오르게 해야 하고, 바깥이 보존되도록 해야 한다." "바깥(여기에 시간-이미지 몽타주의 무리수적인 재연결들이 있는데)이라는 것이 지속되지는 않지만 자신의 시작을 반복하는 것이라고 한다면 말이다."[197]

2. 현실적인 것과 잠재적인 것

잠재적인 것과 가능적인 것의 차이

들뢰즈의 주요 주제이자 주요 관념 중의 하나는 잠재적인 것에 대한 그의 견해이다. 게다가 이 주제는 영화에서만 다루어지고 있는 것도 아니다. 들뢰즈는 『차이와 반복』과 『대담(*Dialogues*)』의 부록에 들어 있는 「현실적인 것과 잠재적인 것(L'actuel et le virtuel)」이라는 짧은 텍스트에서도 매우 분명하게 이 문제를 다루고 있다. 들뢰즈 철학에서 잠재적인 것을 가능적인 것(le possible)과의 극히 선명한 대립으로부터 어떻게 이해할 수 있는지 살펴보도록 하자.

잠재적인 것은 상보물인 현실적인 것 없이는 사유될 수 없다. 현실적인 것과 잠재적인 것은 대립되지만 서로 독립적으로 존재할 수는 없다. 왜냐하면 그것들은 하나의 대상 전체를 형성하기 때문이다. "잠재적인 것은 실재적인 것(le réel)에 대립되는 것이 아니라 오로지 현실적인 것에만 대립된다."[198] 실재와 대립하는 것은 가능적인 것이다. 그렇다면 잠재적인 것과 가능적인 것은 어떻게 다른가. 가능적인 것의 과정은 실현(réalisation)인 반면, 이미 실재 그 자체인 잠재적인 것의 과정은 현실화(actualisation)이다. 이러한 근본적인 차이로부터 들뢰즈는 다음의 두 가지 귀결을 이끌어낸다. 첫번째 귀결은 가능적인 것과 잠재적인 것은 실존(existence)과 동일한 관계를 갖지 않는다는 것이다. 실존하지 않는 것으로 상정되는 하나의 가능한 사물은 존재하는 실재 사물과 동일한 개념을 가진다. 실존은 개념 바깥에 있지만, 그렇다고 해서 사물이 실현되는 공간과 시간에 독립적인 것도 아니다. 그리하여 실존이란 어디에서 유래하는 것인가라는 문제, 즉 실재적인 것과 가능적인 것이라는 관념들로는 해결되지 못하는 문제가 존재한다. 왜냐하면 "우리가 가능적인 것과 실재적인 것이라는 용어들로 문제를 제기할 때마다, 우리는 전체 혹은 무(tout ou rien)의 법칙에 종속되어, 우리 뒤에서 작동되는 도약, 순수한 작용, 갑작스러운 솟아오름으로서의 실존을 인식하도록 강요당한다."[199] 반대로 이미 그 자체가 실재인 잠재적인 것은 이념에 내재하는 어떤 시간과 공간에서 실존을 생산해낸다.(이념은 무시간적인 것도, 육체에서 분리된 것도 아니다. 여기에서 들뢰즈는 헤겔의 개념에 근접해 있다) 가능적인 것과 잠재적인 것의 차이로부터 끌어낸 두번째 귀결은 다음과 같다. 가능적인 것은 실현 가능한 것이고, 그 자체가 실재의 이미지로 인식되며, 실재적인 것은 가능적인 것과 유사한 것으로 인식된다."[200] 그리하여 가능적인 것은 실재적인 것과의 관계에 따라 소급적으로 구성된다. 하지만 잠재적인 것은 실재적인 것과 관련해서 그런 식으로 사유되지 않는다. 잠재적인 것은 차이라는 양태하에서 현실화된다. "현실적인 항들은 결코 자신이 현실화시키는 잠재성과 닮지 않았다."[201] 현실화는 이런 의미에서 재현이 아니라 창조이다.

현실적인 것과 잠재적인 것에 대해 사유할 수 있기 위해서는, 그것들을 시간에 관한 사유 속에 포함시키지 않으면 안 된다. 앞서 살펴보았듯이, 들뢰즈의 경우에 시간은 분리되고 현실적인 현재와 순수 과거, 혹은 현실적인 것과 잠재적인 것이라는 상이한 두 측면으로 나타나지만, 두 측면 중 하나를 다른 하나 없이 사유할 수는 없다. 이렇게 "현실적인 지각은 점점 멀어지면서 커지는, 움직이는 원환들 위에서 분배되는 잠재적인 이미지들의 애매성으로 둘러싸이고 형성되고 해체된다. 이러한 것들이 상이한 질서를 가진 회상들이다. 이 회상들이 속도나 시간적 짧음이라는 상이한 질서들에 의해 무의식의 원칙하에 유지되는 한, 그것들은 잠재적 이미지들이라고 불린다."[202]

잠재적인 과거는 의식의 생산물이 아니며 연대기적이지도 않다. 우리가 보았듯이 이러한 새로운 시간관은 진리 개념의 위기에 상응한다. 들뢰즈의 주장은 가능적인 것과 진리의 관계들에 따라 구성된, 우연한 미래들의 역설에 의거하고 있다. "만약 해전이 내일 일어날 수 *있다*는 명제가 참이라고 한다면, 우리는 다음과 같은 두 개의 결과 중 하나를 결코 피할 수 없게 된다. 즉 불가능한 것이 가능한 것으로부터 비롯되는 결과(왜냐하면 만약 전쟁이 일어나는 경우, 이때부터 전쟁이 일어나지 않는다는 말은 더 이상 가능하지 않기 때문에)를 피할 수 없든지, 또는 과거는 필연적으로 참이 아니라는 결과(왜냐하면 전쟁이 일어나지 않을 수도 있었기 때문에)를 피할 수 없게 되는 것이다."[203] 현실적인 것과 잠재적인 것에 관해 사유하게 되면, 이런 틀은 완전히 위기에 봉착하게 된다. 이 역설을 해결하기 위해 라이프니츠(G. W. Leibniz)는 불공가능성 (incompossibilité)이라는 관념을 발명해낸다. (여러 개의 세계를 상정할 수 있다고 할 경우에) 두 개의 사물이 동일한 세계에 존재할 수 없을 때 불공가능하다. 그런데 들뢰즈는 영화에서 거짓된 것의 역능(力能)들에 의해 번역될, 동일한 세계 안에서의 불공가능한 상황들과 행위들을 만들어내려고 한다. 『차이와 반복』의 결론에서 들뢰즈는, 세계에 대한 단일 중심적인 이해와 수렴에 머물고 있는 라이프니츠의 불공가능성이라는 관념이 불충분하다는 것을 상세히 설명한다. 들뢰즈에게 공가능성 (compossibilité)이란 "최대한의 수렴을 위해 최대한의 연속성"[204]을 공존하게 하는 데에 있다. 역으로 불공가능성은 "분산하는 계열들 사이에서 영감을 불어넣을(inspireraient) 특이성들을"[205] 공존하게 하는 논리적인 무능력에 속한다. 이는 동일하게 단일중심화된 하나의 모델 위에서 구성된 세계라는 개념을 함축한다. 거짓된 것의 역능들은 그러한 세계들에서는 사유될 수 없다. 가능적인 것은 잠재적인 것이 아니며, 공가능과 불공가능이라는 관념들은 하나의 동일한 세계 안에서 분산의 근본적인 요인으로서의 시간을 포함하지 않는다.

크리스탈-이미지

우리가 시간을 볼 수 있는 것은 크리스탈-이미지 안에서이기 때문에, 크리스탈-이미지는 가장 완벽하고, 가장 완성된 시간-이미지이다. "크리스탈-이미지는 시간이 아니지만, 우리는 크리스탈 안에서 시간을 본다. 우리는 크리스탈 안에서 시간의 영속적인 근거지어짐(fondation)을 보며, 연대기적이지 않은 시간을 본다. 연대기적인 시간(Chronos)이 아닌 비연대기적인 시간(Cronos)을 본다."[206] 이러한 종류의 이미지는 시간의 현실적인 부분과 잠재적인 부분 사이의 분열을 보여주는 동시에 양자를 식별할 수 없게 만든다. 크리스탈-이미지는 『시간-이미지』에서 기초가 되는 이미지이다.

크리스탈-이미지에 대한 들뢰즈의 성찰은 현실적인 것과 잠재적인 것이 무엇인지를 더 잘 이해하게 해준다. 하지만 현실적인 부분과 잠재적인 부분으로의 시간의 이분화가 영화에만 고유한 것이라고 생각해서는 안 된다. 앞서 보았듯이 영화는 그 본질상 시간을 보게 해주기 때문에, 시간의 구조가 해체될 수 있고 가장 명확하게 보여질 수 있는, 탁월한 예술이다. 크리스탈-이미지라는 완성에 관해 논의하기에 앞서, 들뢰즈는 꿈-이미지들, 회상-이미지들 그리고 세계-이미지들 같은 불완전하고 완성되지 않은 시간-이미지들을 열거한다. 이러한 세 가지 종류의 이미지들은 시간의 현실적인 부분을 제시해 줄 뿐이라는 특징을 갖는다. "회상-이미지는 잠재적이지 않다. 회상-이미지는 자기 자신을 위하여 (베르그송이 '순수 회상'이라고 부르는) 잠재성을 현실화한다."[207] 회상-이미지는 잠재성을 현실화하고(이 점에서는 다른 두 이미지의 경우도 마찬가지이다), 자신이 현실화하는, 달리 말하자면 자신이 연대기적인 시간 안에 기입하는 어떤 회상을 찾으러 순수 과거 속으로 들어간다. 그리고 어떤 회상에 시공간적 내용을 부여해 준다. 회상-이미지의 불충분성은 자신이 직접적으로 시간을 보여주지 못한다는 사실에 기인하며, 그리하여 회상들은 주관적인 의식의 생산물로 머물고, 최소한(tout du moins) 주관적인 의식의 생산물로 나타나게 된다. 반면에 크리스탈-이미지는 다른 이미지들과 달리 자체 내에 시간의 현실성과 잠재성을 함께 갖고 있다는 점에서 독특하면서도 더 심원한 이미지이다. "현실적이면서 *그리고* 잠재적인, 하나의 이중적인 이미지가 존재한다."[208] 모든 현실적인 이미지에는 잠재적 이미지가 상응함에도 불구하고 현실적인 것과 잠재적인 것이 따로 분리된 채 다루어져 온 탓에, 그때까지의 영화는 이 두 이미지를 통합하지 못했다는 것을 이해해야 한다. 크리스탈은 현실적 이미지와 잠재적 이미지가 서로 무한히 반사되는 거울처럼 기능한다. "현실적 이미지는 그 자체가 복제 혹은 반영으로서 자신에게 상응하는 잠재적 이미지를 가진다고 할 수 있을 것이다. 베르그송의 용어들로 표현하면, 실재 대상은 거울로 된 하나의 이미지 안에서, 실재 대상의 측면에서, 그리고 동시에 실재를 감싸거나 반사하는 잠재적 대상 안에서처럼 반사된다. 이 둘 사이의 '합생(合生, coalescence)'이 존재한다."[209]

현실적인 것과 잠재적인 것은 하나의 지점에서 만나고 결합된다. 그렇기 때문에 현실적인 것과 잠재적인 것은 아주 작은 원환, 가장 작은 원환을 창조해내며, 크리스탈-이미지 가운데에서 식별할 수 없게 된다. 현실적인 것과 잠재적인 것은 시간의 상이한 두 심급이다. 그것들은 대립되지만 그 대립 안에서 일종의 혼합이 생산된다. 이 혼합은 현실적인 것과 잠재적인 것을 식별 불가능하게 하지만 그렇다고 해서 그것들의 차이를 파괴하지는 않는다. 시간적으로 이러한 식별 불가능성은 현재 안에서 발생한다. 현재는 이중적이며 두 개의 본성을 가진다. 현재는 미래를 향해 나아가는 현실적 현재이다. 하지만 동시에 현재는 과거 자신이 또한 현재인 한에서 구성되는 과거이다. "뚜렷이 구분되지만 식별 불가능한 것들, 그러한 것들이 바로 끊임없이 서로 교환되는 현실적인 것과 잠재적인 것이다."[210] 왜냐하면 그것들은 크리스탈-이미지 안에서 하나의 합생을 형성할 뿐만 아니라, 자신들의 역할을 서로 교환하기 때문이다. 현실적인 것은 잠재적이 되고, 그 역도 마찬가지이다. 하나의 잠재적 이미지는 현실적인 대상 안에서 현실화되고 '현실적 이미지'가 된다. 하지만 이번에는 이 현실적 이미지가 하나의 새로운 잠재성을 가리키고 불투명한 것에서 투명한 것으로, 그리고 다시금 투명한 것에서 불투명한 것으로 된다. 이 점을 잘 이해하기 위해서, 정확한 예들을 참조할 필요가 있다. (개념들과는 달리 영화적 이미지의 경우에는, 무엇보다도 그러한 이미지들이 어떻게 가시적이 되는지를 보여주는 것이 중요하기 때문이다.) 들뢰즈가 〈시민 케인(Citizen Kane)〉에 대해 펼치고 있는 논의를 살펴보자. 어떤 순간에 케인은 서로 마주하고 있는 두 개의 거울 앞을 지나간다. 인물의 이미지는 무한히 증식되고, 시각적으로는 어떤 것이 진짜 그 인물인지를 더 이상 알 수 없다. "잠재적 이미지들이 이렇게 증식할 때에, 그 이미지들의 집합은 인물의 모든 현실성을 흡수한다. 동시에 그 인물은 다른 잠재성들 중 하나의 잠재성일 뿐이다."211 따라서 '잠재적 이미지'와 현실적 이미지는 자신들에 의해 생산되는 무한한 운동의 부분을 이루는 것으로 봐야 한다. 이 운동은 그 이미지들을 하나의 이미지에서 다른 하나의 이미지로 무차별적으로 이행하게 한다. 이 이미지들은 하나의 동일한 이미지인 크리스탈-이미지의 식별 불가능한 두 측면을 형성한다. "두 측면은 분명히 구분되기는 하지만, 조건들이 명확해지지 않는 한 식별 불가능하다."212

하지만 이러한 이미지의 고유한 영화적 귀결들은 무엇일까. 들뢰즈는 네 가지 유형의 크리스탈-이미지를 구분한다. 오퓔스(M. Ophüls)의 작품에서 볼 수 있는 완전하고 완성된 크리스탈, 르누아르(J. Renoir)의 균열된 크리스탈, 펠리니(F. Fellini)에서 볼 수 있는 형성과 증가 과정에 있는 크리스탈, 그리고 마지막으로 비스콘티(L. Visconti) 작품의 특징인 해체되어 가는 크리스탈. 먼저 오퓔스에서의 완벽한 크리스탈의 경우를 살펴보자. 그에게서 현실적인 것과 잠재적인 것은 끊임없이 서로를 쫓고, 자신들의 역할을 상호 교환하기 위하여 결합된다. 그리하여 모든 실재는 하나의 스펙터클로서 간주된다. 왜냐하면 완벽한 크리스탈은 어떠한 바깥도 존속하도록 내버려두지 않기 때문이다. "거울이나 장식의 바

같은 존재하지 않고 오직 거울의 이면만이 존재할 뿐인데, 이 이면으로는 장식 안에 재도입되는 생에 의해 버려진 사라지거나 죽는 등장인물들이 통과한다."[213] 크리스탈은 파괴될 수 없는 것이기 때문에 완벽하다. 사실 어떠한 외적 요소도 크리스탈을 망가뜨릴 수는 없다. 하지만 들뢰즈는 정당하게도 이러한 복제가 완전하지 않다는 것을 지적한다. 즉 이러한 복제는 끊임없이 현실적 이미지에서 '잠재적 이미지'로 이행하기 때문에, 완성된 것이 아니다. 식별 불가능성은 유지된다. "복제는, 현실적인 이미지와 잠재적인 이미지의 분화는 완결되지 않는다. 왜냐하면 그로부터 결과되는 원환은 계속해서 우리를 한 종류의 이미지들에서 다른 종류의 이미지들로 데려가기 때문이다. 이것은 단지 현기증이고, 동요일 뿐이다."[214] 바로 그때에 장면은 특히 숏을 대신하여 영화적 단위가 되고, 그로부터 장면은 시퀀스 숏으로 구성되게 된다.

시간의 크리스탈의 두번째 유형은 르누아르에게서 볼 수 있는 균열된 크리스탈이다. 르누아르의 크리스탈은 균열되어 있기 때문에, 무엇인가가 달아나며 크리스탈로부터 빠져 나간다. 여기에서 시야 심도가 사용된다. 예를 들어 〈게임의 법칙(La Règle du jeu)〉에서 각 등장인물은 현실적이지만, 그 등장인물 하나하나마다에는 하나의 잠재적 이미지가 상응한다.(축제 때 이런 이미지들이 구체화하는 것이 바로 동물들과 등장인물들이다) 이 등장인물들 중 한 명은 잠재적 복제를 갖지 않기 때문에 크리스탈로부터 빠져 나간다. 성에 들어가는 것을 금지당한 밀렵꾼이 바로 그인데, 그는 안에도 바깥에도 위치하지 않고 "언제나 바닥(fond)에 위치한다. …바로 그가 원환을 깨뜨리고, 균열된 크리스탈을 파열시키고, 정말 총을 한방 쏘는 것으로도 내용물을 달아나게 한다."[215] 르누아르와 함께 시간의 이분화는 완전해지고, 완성된다. 이와 달리 오퓔스의 경우에는, 시간은 흘러가고 그리고 생이 시간으로부터 솟아나오는 것을 가로막지 않는다. 균열된 크리스탈은 생이 빠져 나오도록 한다. "지나간 모든 것은 크리스탈 안으로 다시 떨어진다. 그리고 거기에 머문다. 등장인물들이 연기하려 했던 역할은 모두가 얼어붙어 있고, 꼼짝하지 못하고, 판에 박힌, 너무나 평균적인 역할들, 다시 말해 죽은 것 같은 혹은 죽은 사람의 역할이다."[216] 하지만 이 역할들 전부는 시간의 다른 측면을 위해서는 필수적이다. 이 다른 측면에서는 현재들이 지나가고 계속되며, 미래를 향해 나아갈 수 있고, 생을 창조할 수 있다. 현실적인 것과 잠재적인 것의 무한한 반사운동을 벗어날 때, 실재는 창조된다.

시간의 크리스탈의 세번째 유형은 특히 펠리니에게서 볼 수 있는, 형성 중에 있는 크리스탈이다. 이 경우 문제는 크리스탈로부터 어떻게 나오느냐가 아니라 어떻게 크리스탈로 들어가느냐를 아는 것이다. 사실상 크리스탈은 무한히 결정화(結晶化)되는 하나의 싹(germe)을 포함하고 있고, 크리스탈의 내용물은 현실적인 것과 잠재적인 것 사이에 위치한다. 스스로 전개되기를 요구하는 싹들만 크리스탈 안으로 들어간다. "완성된 크리스탈이란 결코 존재하지 않는다. 모든 크리스탈은 권리상 무한하고 형성 중에 있으며, 환경에서 구체화되는 싹과 함께, 결정화하는 힘과 함께 형성된다."[217] 이 경우에 크리스탈 내부로 향하는, 있을 수 있는 상이한 형태의 입구들을 탐구해 보는 것은 흥미로운 일이다. 펠리니의 크리스탈과 관련해 들뢰즈는 크리스탈로 들어가는 상이한 입구들의 수만큼의 작은 방들, 칸막이가 되어 있는 그 수만큼의 이미지들, 창문들에 관해서 말한다. 하지만 결국 다수의 싹들이 합생하게 되면서 그 이미지들은 하나의 동일한 크리스탈을 구성하게 된다. 들뢰즈가, 크리스탈 안의 싹들의 입구가 무한한 운동 안에서 형성되는 것에 대해서뿐만 아니라 형성 중에 있는 크리스탈에 대해서도 말할 수 있는 것은, 싹들의 결정화라는 바로 이러한 과정에서 출발하기 때문이다. 그렇기 때문에 크리스탈은 결코 증식을 멈추지 않는다.

시간의 마지막 크리스탈은 비스콘티가 수많은 사례들을 제공하고 있는, 해체되어 가는 크리스탈이다. 비스콘티의 경우 크리스탈의 해체는 네 가지 요소들 때문이다. 첫번째 요소는 '역사(Histoire)'와 '자연(Nature)'의 바깥에서 귀족이 배제된다는 것이다. 쇠퇴하고 있는 이 귀족의 세계가 바로 크리스탈적인 것인데, 이 세계는 스스로를 향해 닫혀 있는 세계이다. 이것이 우리를 두번째 요소로 인도한다. 즉 이 크리스탈적인 세계는 "이 세계를 안으로부터 침식하고, 어둡게 하고, 불투명하게 하는 해체 과정과 분리할 수 없다."[218] 이러한 과정은 크리스탈적인 세계가 인공적으로 살아 남는다는 사실과 관련이 있다. 크리스탈은 시간의 어긋남에 의해 생의 솟아오름을 보게 하는 것이라고 할 수 있는데, 비스콘티의 경우에는 과거 전체는 사라지고〔예를 들어 〈치타(Le Guépard)〉에서 사라지는 것은 귀족계급의 권세라는 과거 전체이다〕, 크리스탈 안에서 인공적으로 살아 남는다. 이 과거는 블랙 홀처럼 등장인물들을 빨아들이며, "출구가 없다." 비스콘티 작품의 세번째 요소는 해체의 복사본처럼 작용하는 '역사'이다. 역사는 크리스탈의 한 요소가 아니라 크리스탈에 외적이지만, 크리스탈의 해체에 기여한다.〔게다가 바로 이런 이유로 비스콘티는 역사를 생략적인 방식으로, 혹은 외화면(外畵面)에서 영화화한다. 우리는 거기에서 역사의 현존을 느끼지만, 그렇다고 해도 거기에서 역사가 있는 그대로 직접 다루어지는 것은 아니다〕 따라서 "전쟁, 새로운 권력자들의 권력 장악, 신흥 재벌의 대두는 낡은 세계의 비밀스러운 법칙들을 보여주는 것으로가 아니라 낡은 세계를 사라지게 하는 것으로 제시된다."[219] 이는 크리스탈의 부패에 기여하고, 더 나아가 크리스탈의 부패를 가속화시킨다. 결국 모든 요소들 중에서 가장 중요한 마지막 요소는 "무언가가 너무 늦게 온다는 것을 드러내는 것이다."[220] 들뢰즈는 이 무언가가 '인간(Homme)'과 '자연(Nature)'의 감성적이고 감각적인 통일체와 관련있는 것이라고 생각한다. 이 "너무 늦었다"는 것은 결점이나 우연으로가 아니라 시간 자체의 한 차원으로 이해해야 한다. 시간의 한 차원이 과거의 차원과 대립적으로 작용한다는 것이 중요하다. 그러한 시간의 차원은 크리스탈 안에서 살아 남기는 하지만, 정적(靜的)이고 치명적인 방식으로 살아남는다. "극도의 투명함(sublime clarté)은 불투명한 것과 대립하지만, 동적(動的)인 면에서 보면 바로 그것이야말로 너무 늦게 도달하는 것이다."[221]

크리스탈 이미지에 대한 이러한 분석으로부터 내릴 수 있는 결론은 현실적인 것과 잠재적인 것은 오로지 시간적으로만 사유될 수 있다는 것, 둘은 자신들 양자의 식별이 불가능해지는 아주 작은 원환을 형성한다는 것, 우리가 이 크리스탈-이미지에서 보는 것은 생의 역능으로서의 시간이라는 것이다. "우리가 크리스탈에서 보는 것은 언제나 스스로의 이중화, 혹은 분화 안에서 생이, 시간이 솟아오르는 것이다."[222] 이러한 세 가지 귀결들로부터 진정한 시간-이미지가 획득된다.

현실적인 것의 재현으로서의 운동-이미지와
잠재적인 것의 재현으로서의 시간-이미지

현실적-잠재적의 구분, 크리스탈-이미지 안에서 현실적-잠재적의 재결합이라는 구도와는 다른 구도도 생각해 볼 수 있다. 이러한 다른 구도에 관해 언급하면서 들뢰즈는 시간-이미지에 대해 말한다. "시간-이미지는 운동-이미지의 현실성과 대립해서 잠재적이다."[223] 따라서 운동-이미지는 본질적으로 현실적인 이미지가 될 것이고, 시간-이미지는 본질적으로 잠재적인 이미지가 될 것이다. 우선 들뢰즈가 어떻게 이러한 주장에 도달하게 되는지를 살펴보아야 하고, 그리고 나서 현실적인 것과 잠재적인 것이 하나의 동일한 대상의 두 측면이자 시간의 두 구성요소이듯이, 운동-이미지와 시간-이미지가 하나의 동일한 이미지의 두 측면이라는 것을 증명해야 한다. 운동-이미지와 시간-이미지가 하나의 동일한 이미지의 두 측면이라는 이러한 도식은 유효한 것이기는 하지만 논란의 여지가 있다. 왜냐하면 크리스탈-이미지에서는 현실적인 부분과 잠재적인 부분이 식별 불가능하게 되지만, 크리스탈-이미지 특히 시간-이미지는 현실적인 부분*과* 잠재적인 부분으로 *동시에* 완전하게 구성되어 있기 때문이다.

운동-이미지는 현실적이고 시간-이미지는 잠재적이라는 것이 무슨 의미인가. 현실적인 것은 객관성을 특징으로 한다. "현실적인 것은 언제나 객관적이다."²²⁴ 우리는 현실적 이미지에서 공간과 연대기적인 시간 안에 위치하는 대상들을 본다. 현실적인 이미지는 유기적인 묘사들을 함축한다. 현실적인 것은 유기적이다. 그런데 대상을 유기적으로 묘사할 수 있게 하는 것은 바로 운동-이미지들이다. 운동-이미지는 다름 아니라 시간의 현실적인 측면을 제시하는데, 그 이유는 시간이란 운동에 따라서만 사유되고, 또 그것은 곧은 선으로서 그 선 위에서 현재가 자리 바꿈하며, 공간화된 것이기 때문이다. 그런데 운동-이미지란 감각-운동 도식이 등장인물과 그에게 현실성을 보장해 주는 세계 사이에 수립하는 관계이기도 하다. 이 관계는 매우 강력하고 모든 곳에 편재하기 때문에 잠재적인 것이 스스로를 표현할 가능성을 허용하지 않는다. 그렇다면 잠재적인 것은 시간의 직접적인 이미지들을 통해서만 보여질 수 있다는 이야기인데, 과연 그러한 일이 어떻게 가능한가. "세계들이 현실성을 상실하고 잠재적이 되기 때문에 『시간-이미지』에서의 분류화는 복잡해진다. 현실적인 이미지들은 감각-운동적 지각적 정감적 행동적 충동적인 관계들에서 벗어나 잠재성과 관계 맺기 시작한다."²²⁵ 시간-이미지는 과거 층들의 공존과 현재 지점들의 동시성이라는 두 개의 형식들 하에서 우리에게 시간의 잠재적인 측면을 제시해 준다. 시간-이미지의 영화와 더불어, 이제 우리는 더 이상 연대기적인 시간이 아니라, 순수한 시간, 모든 순수 회상들을 포함하고 순수 회상들을 공존하게 하는 시간을 보게 된다.

이러한 원환들은 시간-이미지와 함께 할 때만 가시적이 된다. 의식이 어떤 것, 어떤 순간, 어떤 사건을 회상하려 하는 한, 순수 회상들은 잠재성으로 머물러 있다. 회상들은 이미지들 안에서 현실화되고, 현실적 이미지들이 된다. 잠재성에서 현실성으로의 이행은 개인의 의식에 의해 생산되는, 무의식적 상태(이는 프로이트(S. Freud)의 무의식과는 아무런 관련이 없기 때문에 오히려 의식이 없는 상태라고 해야 할 것이다)에서 의식적 상태로의 이행으로도 볼 수 있다.

운동-이미지는 현실적인 것이고 시간-이미지는 잠재적인 것이라면,

이 두 이미지는 하나의 동일한 이미지의 두 측면으로 사유되어야 한다. 왜냐하면 현실적인 것과 잠재적인 것은 하나의 동일한 실재의 두 측면이기 때문이다. 최소한 권리상으로는 "현실적 대상이 잠재적 이미지들로부터 분리될 수 없듯이, 잠재적 이미지들도 현실적인 대상으로부터 분리될 수 없다."[226] 하지만 실제와 영화에서는, 현실적 대상(운동-이미지)이든 잠재적 대상(시간-이미지)이든, 혹은 분리될 수 없고 특히 규정 가능하지 않은 것(크리스탈-이미지)으로서의 두 이미지이든 간에, 그 중 어떤 것을 제시할지를 선택할 수 있다. 잠재적인 것의 특성은 현실적 대상 안에서 현실화된다는 것이고, "현실적인 것은 현실화의 보완물, 생산물, 대상이지만, 현실화는 잠재적인 것만을 대상으로 가진다."[227] 바로 이런 이유에서 운동-이미지는 시간-이미지 없이는 사유될 수 없으며, 두 이미지들은 서로 대립되지 않고 상호 보완한다. 이런 의미에서는 시간-이미지를 영화의 본질이라고 결코 말할 수 없다. 운동-이미지와 시간-이미지는 절대적으로 상보적인 이미지들로, 상대방 없이는 사유될 수 없다. 마치 현실적인 것이 잠재적인 것 없이 사유될 수 없는 것과 마찬가지로 말이다. 하나의 이미지에서 다른 이미지로의 이행은 역사적인 것도, 연대기적인 것도 아니다. 그 이행은 다른 질서에 속한다. 그 이행은 영화적 이미지의 성격을 가지고 있고, 본질적인 것이며, 두 이미지의 형태로 할당되는 것이다.

하지만 시간-이미지가 단순히 잠재적 이미지가 아니라고 보는 것이 정당하다고 해도, 문제는 있다. 시간의 잠재적 차원은 시간-이미지 안에서 나타난다고 말하는 것이 보다 정확한 표현일 것이다. 하지만 그렇다고 해서 시간의 현실적인 차원이 완전히 사라지는 것은 아니다. 영화 이미지들의 잠재적인 특성 때문에, 『시간-이미지』는 『운동-이미지』보다 영화 이미지들에 대한 훨씬 더 복잡한 분류화를 제시한다. 시간-이미지라고 할 수 없는 이미지들은 회상-이미지, 세계-이미지, 꿈-이미지로 구분할 수 있고, 또한 두 개의 직접적인 시간-이미지에서 나타나는 시간의 여러 크리스탈들을 구분할 수 있다. 두 개의 직접적인 시간-이미지란 과거 층들의 공존(과거에 기초한 시간-이미지)과 현재 지점들의 동시성(현재에 기초한 시간-이미지)이다. 다시 말해 "이미 두 개의 가능한 시간-이미지가 있는데, 하나는 과거에 기초하고 있고 다른 하나는 현재에 기초하고 있다."[228] 들뢰즈는 거짓된 것의 역능들에 대한 장에서 세번째 시간-이미지를 제안한다. "*이전, 이후 혹은 세번째 시간-이미지로서의 생성.*" 여기에서는 이야기를 꾸며내는 것(fabulation)을 원칙으로 하는 이미지, 서사체(narration)의 방식으로 기능하는 것이 아니라 이야기(récit)의 방식으로 기능하는 이미지가 중요하다. 결국 거짓된 것의 역능들에 대한 장 전체가 영화와 사유의 관계들을 다루고 있다. 첫번째 저작에서 모든 이미지들 사이의 공통점은 감각-운동 도식을 어느 정도씩은 상대적으로 존중한다는 점이다. 그런데 시간-이미지들이 등장하면서 이미지들이 점점 더 잠재적인 것이 되기 때문에, 운동-이미지에서의 모든 이미지들이 향하던 중심인 이 공통점은 사라졌다. 이때부터 이미지들은 시간적인 층들, 시간적 지층들과 관련해서 사유되기 시작했다. 하지만 회상-이미지와 꿈-이미지는 여전히 현실적인 이미지들을 제시한다. 이러한 이미지들이 그에 상응하는 잠재적 이미지의 존재를 함축하기는 해도, 그렇다고 해서 그에 상응하는 잠재적 이미지를 직접적으로 제시하는 것은 아니다. 이를테면 순수 회상은 "지각-이미지에 의해 불러내어지는 한 그 자체가 현실적인 것이 된다. 즉 순수 회상은 지각-이미지에 상응하는 회상 이미지 안에서 현실화된다."[229] 그리고 꿈-이미지는 잠재적 이미지를 간접적인 방식으로 현실화시키기 때문에 잠재적 이미지 쪽으로 다가간다. 그리하여 현실적인 이미지는 스스로 현실화하는 잠재적 이미지가 된다 등등. "스스로 현실화하는 잠재적 이미지는 직접적으로가 아니라 다른 이미지 안에서 현실화하고, 이 두번째 이미지는 세번째 이미지 안에서 스스로를 현실화하는 잠재적 이미지의 역할을 하며, 이런 과정은 무한히 이어진다."[230] 크리스탈-이미지의 경우에는 잠재적인 측면과 현실적인 측면이 통합된다. 시간-이미지의 특성은 단순히 잠재적이라는 데 있는 것이 아니라, 잠재적인 성격을 통합해 완전한 이미지라고 부를 수 있는 것을 만드는 데 있다. 로베르토 데 가에타노(Roberto De Gaetano)는 이를 더욱 힘 주어 강조한다. "첫째로, 기억의(mnémonique) 세계들과 몽환적인 (onirique) 세계들이 구축된다. 이 세계들은 '상대적으로만' 잠재적이다. 그것들의 지위로 보면, 기억의 세계들은 현실화의 과정에 있고 몽환적인 세계들은 잠재적인 것과 현실적인 것의 연속적인 원환 안에 새겨져 있다. 그 다음으로는, *크리스탈적인 세계들을* 발생시키기 때문에 크리스탈-이미지라고 불리는 이미지가 있다. 세계들 안에서 현실적인 것과 잠재적인 것은 식별 불가능하게 되고, 여기에서 우리는 시간의 분열을 보게 된다."[231]

이렇게 볼 때, 운동-이미지는 세계의 현실적인 부분을, 시간-이미지는 세계의 잠재적인 부분을 *강조한다고* 말하는 것이 나을 것이다. 하지만 두 이미지 중 어떠한 것도 완전히 그리고 본질적으로 현실적이거나 잠재적인 것은 아니다.

3. 존재의 일의성 문제

시간-이미지는 이미 운동-이미지 안에 포함되어 있었다

운동-이미지인 현실적인 이미지가 상보적인 시간-이미지인 잠재적인 이미지를 필연적으로 불러내듯이, 시간-이미지는 잠복(潛伏)의 방식으로 이미 운동-이미지 안에 나타나 있다. 이 주제에 관해서는 들뢰즈의 다음과 같은 말에 주목해야 한다. "그러므로 새로운 이미지는 영화의 완성이 아니라 변환일 것이다."[232] 완성이라는 것을 어떻게 이해해야 하는가. 영화가 시간-이미지의 출현과 더불어 멈추지 않을 것이라는 것, 시간-이미지는 영화의 최종적인 귀결이 아니라는 것, 발견해야 할 가능한 다른 이미지들이 존재한다는 것, 혹은 더 깊은 차원에서 시간-이미지는 운동-이미지에 의해 생겨난 과정을 완성하지 않고, 운동-이미지는 새로운 이미지의 출현과 함께 죽거나 사라지지 않는다는 것이다. 이는 정확히 변환에 관계되는 문제인데, 시간-이미지는 운동-이미지가 남겨준 유산의 변형의 역능으로 이해되어야만 한다는 것이다. 결국 이미지는 역능의 양태로 사유되어야 한다. 운동-이미지, 시간-이미지와 함께 작동되고 있는 것은 상이한 차원들과 방식들로 표현되는 역능들이다. 에이젠슈테인, 변증법적 몽타주, 파토스의 경우를 예로 들어 보면, 클로즈업의 삽입을 통해 표현되는 이 질적인 도약은 역능의 변화를 표현한다. "또한 파토스는 이미지의 내용물 안에서의 변화만이 아니라 형식 안에서의 변화도 표현한다. 사실상 이미지는 역능을 변화시켜야만 하고, 우월한 역능으로 이행해야만 한다."[233]

이미지의 고유한 역능이 존재하며, 바로 이 역능이 운동-이미지로부터 시간-이미지로의 이행을 가능하게 한다—역사적 사회적 문화적 기술적 조건들은 아무것도 설명해 주지 못한다. 이미지는 외부에서 유입된 설명들을 통해 이해할 수 있는, 부동의 충일(充溢)한 통일체가 아니다. 이미지는 자기 고유의 역능에 의해서 생산되고 변형될 뿐이다. 왜냐하면 이미지의 역능은 생성으로서 이해되어야 하기 때문이다. 이미지에 유기성(organicité)이 있기는 하지만, 그렇다고 해서 영화 이미지의 발전이 유기체의 결정되어 있는 발전으로 이해되어야 하는 것은 아니다. 이미지가 어떻게 진화해 갈 것인지는 전혀 알 수 없다. 왜냐하면 시간-이미지는 분기의 이미지이고, 이질성의 이미지이기 때문이다. 알랭 메닐은 이를 잘 보여준다. "이미지는 역능들을 통해서 사유되어야만 한다. …이미지는 자기 고유의 계보학적인 연쇄로부터 발산하면서 본성이 변화되고, 이미 자신 안에 포함하고 있던 것을 현실화하지도 전개하지도 않은 채 밖으로 나오게 한다."[234] 에이젠슈테인에서 볼 수 있듯이, 운동-이미지에서 시간-이미지로의 이행의 가장 일반적인 수준에서는 이미지의 이러한 역능이 동일한 영화의 내부에서도 표현된다는 데 유의해야 한다. "운동-이미지에서 시간-이미지로의 이행은 이미지에 고유한 이러한 역능을 표현한다. 운동-이미지는 사라지지 않고, 차원들 안에서 끊임없이 증식되는 하나의 이미지의 첫번째 차원으로서만 존재한다."[235] 이것이 바로 우리가 앞에서 현실적인 것과 잠재적인 것에 대해서 말했던 것이다. 시간-이미지는 단지 잠재적 이미지인 것만이 아니라, 자신 안에 운동-이미지의 현실성도 포함하고 있다. 시간-이미지가 운동-이미지의 너머에 위치해 있다는 것이 시간-이미지가 운동-이미지 이후에 온다는 것을 의미한다고 해도, 여기서 중요한 것은 연대기적인 순서가 아니다. 시간-이미지는 또 다른 역능이고, 운동-이미지보다 우월한 하나의 역능이다. 알랭 메닐이 다음과 같이 덧붙이는 것은 당연하다. "운동-이미지 '너머에(au delà)' 시간-이미지가 위치해 있다기보다는, 운동-이미지는 자신의 고유한 역능 '이편에(en deçà)' 자리잡고 있다."[236]

운동-이미지와 시간-이미지: 일의적인 존재의 두 양태?

들뢰즈에게 존재는 일의적이며, "형상적으로는 구분되나 모두 평등하고 *존재론적*으로 하나인"[237] 내재적인 속성들로 구성되어 있다. 그러므로 우리는 오직 형상적인 관점에서만 존재의 속성들의 다양체를 사유할 수 있을 뿐이고, 실재하는 것으로 존재하는 것은 오직 일자(一者)뿐이다. 이러한 성찰로부터 들뢰즈는 특히 플라톤에 맞서, 시뮬라크르들에 대한 이론을 만들어 간다. 여기에서 문제가 되는 것을 포착하기 위해서는 『차이와 반복』을 참조해야만 한다. 플라톤주의와의 근본적인 차이점은 이데아들과 복사본 사이에 있는 것이 아니라 복사본과 시뮬라크르들 사이에 있다. 시뮬라크르들은 두번째 단계의 복사본들이고, 복사본의 복사본이다. 그리하여 플라톤에게는 두 종류의 현상들이 존재하게 된다. "하나는 잘 근거지어진 아폴론적인 눈부신 현상들이고, 다른 하나는 유해하고 불길하고 본성을 숨기는 현상들인데, 후자는 기초(fondement)를 기초지어진 것(fondé)보다도 존중하지 않는다. 이 두 현상들을 구분하는 것이 중요하다."²³⁸ 플라톤에서는 복사본과 모델 사이에 동일성의 관계가 수립되고 그들의 유사성은 단지 외적인 것이 아니므로[분유(分有) 이론 참조], 복사본은 "존재 그리고 진리와 내적인 관계를 맺으며, 진리 자신은 모델의 진리와 유비적인 것이다."²³⁹ 하지만 시뮬라크르는 "같은 것, 유사한 것, 유비적인 것, 대립적인 것의 심급들에" 종속된 이 유사성의 관계를 깨뜨리며, 일탈이고 무정부상태이다. 들뢰즈가 인정하려고 하는 것은 *재현*에서 빠져 나가는 것으로서의 시뮬라크르의 권리이다. 그리하여 들뢰즈의 모든 존재론은 자기 고유의 철학에서 내재성의 표식이 되는 이러한 관념 위에 기초하고 있다. "들뢰즈는 자신의 관심 방향에 따라 플라톤주의에 대한 이미지를 구성하고 있다"는 알랭 바디우의 언급을 다시 한번 유념할 필요가 있다. "시뮬라크르들이나 존재자들을 격하시키고 무화시켜야 한다는 주장이 결코 이러한 사실들로부터 도출되지 않음에도 불구하고, 들뢰즈는 플라톤이 이같은 도출을 행하고 있다고 가정한다."²⁴⁰

시뮬라크르들 혹은 존재자들은 다의적이고 다양하며 서로에게로 환원될 수 없다. 하지만 그것들은 일의적인 존재의 전적으로 내재적인 생산물이다. 이러한 생산물은 매개된 것이 아니며, 그렇기 때문에 들뢰즈는 범주들, 집합들, 일반성들과 같은 것들에 전혀 호소하지 않는다. 존재는 본질적으로 긍정(affirmation)이고, 그렇기 때문에 반변증법적인 방식으로만 사유되어야 한다. 사실 부정적인 것(le négatif)은 존재(Être)가 존재(être)와 동시에 비존재(non-être)로 말해진다는 것을 함축하면서 다의성(l'équivocité)을 재도입한다. 존재자들, 혹은 시뮬라크르들은 존재의 양태들이다. 존재는 초월적이지 않고 자신의 완전히 특이한 역능의 변화들의 다양체를 통해서 정의될 수 있을 뿐이다. 그럼에도 불구하고 존재는 일의적인 것으로 머문다. 그렇기 때문에 존재의 일의성을 보증하거나 보존하기 위해서는, 존재자들을 *시뮬라크르*의 양태하에서 사유해야만 한다. 이렇게 "우주 안에 (시뮬라크르를) 배치하는 수적인 차이는, 그 수적인 차이가 가리키는 존재의 형식(사유, 연장, 시간 등)과 관련해서는 순수하게 형식적인 것이고, 자신의 개별화와 관련해서는 순수하게 양태적인 것이다. 즉 시뮬라크르에는 그 어떤 실재도 지니지 않은 모든 차이와, 존재론적으로는 일자의 지위를 갖는 모든 다양체가 기입되고, 존재자들의 세계란 존재의 시뮬라크르들의 무대이다."[241]

우리는 권리상으로 운동–이미지와 시간–이미지가 이러한 분석으로부터 피해 갈 수 없다고 생각한다. 이 이미지들은 사유의 생산물이고, 이미지들을 만들어낸 작가에 따라서는 존재하는 영화들 안에서 완전히 탐지될 수 있는 것들이며, 들뢰즈가 존재자라는 용어로 가리키는 것의 부분을 이룬다. 그런 사정으로 우리는 운동–이미지와 시간–이미지는 일의적인 일자–존재의 두 양태들이고, 존재를 지시하는 상이한 두 방법들이라고 말할 수 있을 것이다. "존재는 모든 양태들에 대해 같지만, 이 양태들은 같지 않다."[242] 운동–이미지와 시간–이미지는 존재의 두 역능들이므로 최종적으로는 같은 것을 가리킨다. 하지만 이미지란 일의적인 존재의 다의적인 양태이므로, 이 이미지들은 하나의 동일한 이미지로도, 하나의 동일한 이미지의 상이한 두 역능으로도 사유되어야만 한다. 즉 장–루이 뢰트라의 주장처럼, "운동–이미지와 시간–이미지는, 어떠한 것도 어떤 하나가 다른 하나에 대해서 선행성을 가정하게 하지 않는 하나의 동일한 실체의 두 양태이다."[243]

절대적인 내재성

영화에 대한 두 저작을 들뢰즈의 나머지 철학적 생산물들로부터 분리하려 드는 것은 불합리한 일일 것이다. 이미지들과 기호들의 분류화라는 그의 기획은 영화라는 대상을 철학적으로 다루려는 의지에 상응하며, 철학 또한 존재하기 위하여 비철학(非哲學)을 필요로 한다는 것을 보이려는 의지에 상응한다. 그러므로 『운동–이미지』와 『시간–이미지』를 별도의 생산물로, 신비스러운 생산물로, 저자의 다른 성찰들과 관계없는 것으로 다루어야 할 아무런 이유도 없다. 이 두 저작은 다른 저작들의 계보 내에 기입된다. 이 두 저작은 내재성이라는 주제에 대한 새로운 변이에 상응하는 것으로 볼 수도 있을 것이며, 우리가 운동-이미지에서 시간-이미지로 문제틀이 이행하는 바의 의미를 우선 이해할 수 있는 것은 특히 이러한 시각에서이다.

무엇보다도 사태를 분명히 하기 위해서, 내재성의 평면에 대한 정의부터 내리도록 하자. 내재성의 평면은 '사유의 이미지'라는 다른 이름을 가지고 있고, "'사유하다, 사유를 사용하게 하다, 사유 안에서 방향을 잡다'의 의미에 관해 제시되는 이미지이다. …내재성의 평면은 방법이 아니다. 왜냐하면 모든 방법은 결국 개념들과 관련되고 이러한 이미지를 가정하기 때문이다. 내재성의 평면이란 뇌와 뇌의 기능에 대한 인식의 상태도 아니다. …내재성의 평면이란 사유로 형성되는 입장(opinion)도 아니다."[244]

내재성의 평면은 그 위에 개념들이 기입되는 것이고, 이런 의미에서 전철학적(前哲學的)이지만, 그렇다고 해서 개념들과 독립적으로 사유될 수 있는 것은 아니다. 내재성의 평면과 개념은 상보적이다. 상이한 철학들의 수만큼, 그에 상응하는 다수의 내재성의 평면을 생각해 볼 수 있다. 운동-이미지와 시간-이미지는 하나의 동일한 내재성의 평면 위에 위치하고 있다고 가정해 볼 수 있으며, 운동-이미지에서 시간-이미지로의 이행은 평면의 고유한 변화에 상응한다고 가정해 볼 수 있다. "이 두 계열들을 조직화하는 원리는 여러 가지 방식으로 이야기할 수 있지만, 우선은 연속이 아니라 *이미지들에 고유한 내재성의 평면 한가운데에서의* 변화나 변형의 효과로서 제시된다. 시간-이미지들은 '운동 자체의 너머에' 존재한다."[245] 운동-이미지에 상응하는 내재성의 평면은 열려 있는 것이고, 이 사유의 이미지는 베르그송적인 지속과 혼합된다. 바로 이것이 우리로 하여금 운동을 매개로 시간을 사유하게 한다. 영화에 의해 생산된 운동-이미지들은 오직 우리가 그러한 사유의 이미지를 인식하기 때문에 존재할 뿐이다. 시간-이미지들의 출현과 더불어, 내재성의 평면은 변형된다. 우리는 이제 더 이상 열려 있는 것과 관계하는 것

3. 운동-이미지와 시간-이미지: 하나의 동일한 이미지?

이 아니라 바깥과 관계한다. 내재성의 평면의 구성적 무한은 더 이상 지속 안에 있는 것이 아니라 '사유 안의 사유되지 않는 것' 안에 있다. 바로 이러한 조건하에서만 우리에게 시간—이미지들이 중요하다. 내재성의 평면은 "사유되어야만 하지만 사유될 수 없는 것"246의 이미지인데, 여기에서는 무한하며 우리의 이해를 넘어서는 열려 있는 것과 사유 안의 사유되지 않는 것이 존재한다는 사실을 솟아나게 하는 바깥이 내재성의 평면들이다.

하지만 다수의 평면을 상정해 볼 수 있다는 사실(예를 들어 운동—이미지의 평면과 시간—이미지의 평면)과, 절대적인 내재성이라는 들뢰즈적인 사유가 어떻게 화해될 수 있는가. 앞서 존재의 일의성에 대해 말했던 것을 잊어서는 안 된다. 결국 유일한 내재성의 평면은 다양체 안에서만 존재하게 될 것이다. "바로 이러한 이유로 내재성의 평면은 *여러 겹* (*feuilleté*)이라고 말해진다. 여러 개의 평면들을 포함하고 있는 이 평면은 그럼에도 불구하고 가능한 평면들 가운데 하나의 평면일 뿐이다. 오로지 존재의 일의성이라는 관점에서만 이 평면은 절대적이며 '하나의 (UN)' 유일한 내재성의 평면이라고 말해질 수 있다."247 『철학이란 무엇인가?』에서 들뢰즈와 가타리는 각각의 평면이 하나의 전일(Un-Tout)이라고 말한다. 하지만 평면이 여러 겹인 한에서, 각각의 경우에 우리가 하나 혹은 여러 개의 내재성의 평면과 관계하는지 아닌지를 말하기란 어렵다. "변이하는 것은 평면들만이 아니다. 평면들을 분배하는 방식도 변이한다."248 운동—이미지에서 시간—이미지로의 이행에서 평면들은 재분배되고, 이 평면들은 상이한 이미지들을 생겨나게 한다. 하지만 마지막 심급에서 이 평면들은 절대적이고 내재적인 같은 것, 즉 '생(une vie)'을 가리킨다. (생은 개별적인 것으로서가 아니라 절대적으로 내재적인 것으로 사유되는바,249 이는 무한한 실체이고, 순수한 사건이다) 시간—이미지의 출현이란, 시간—이미지가 평면에서 변화에 상응하는지를 고려할 경우에만 사유될 수 있는 것이다. 평면은 변형되고 변조를 겪는다. 이는 "차원의 큰 변화이고, 한계를 넘는 것—우리가 강도적으로(en intensif) 사유해야만 하는 것—에 다름 아니다."[250]

알랭 메닐과 마찬가지로, 우리는 시간-이미지가 내재성의 진정한 형상이고, 따라서 시간-이미지는 운동-이미지 이후에 올 수 없다고 생각한다. 왜냐하면 시간-이미지는 운동-이미지의 조건이기 때문이다. 우리가 말했던 것처럼, 시간-이미지는 재현하지 않는다. 시간-이미지는 현현(顯現)한다. 들뢰즈에게 재현이란 언제나 초월성에 종속되어 있는 것이기 때문이다. 그런데 이미지는 그 자체가 물질이기 때문에, 아무것도 재현하지 않는다. 이미지는 자신 안에 자신의 고유한 원인을 가지고 있다. "그래서 우리가 사유하게 될 이미지들은 스피노자의 표현을 빌리면 이념들이라고 할 수 있을 것이다. *이미지들은 자기 고유의 원인을 표현하기 때문에 무언가를 재현할 뿐이다.*"[251] 일견 이 표현은 재현을 언급하기 때문에 기만적으로 보이지만, 이미지들은 다른 것이 아닌 자기 자신만을 재현한다는 사실을 훨씬 더 잘 표현하기 위한 것이다. 우리는 이미지들을 초월성의 장소로 보는 철학이나 사유의 반대편에 있다. 들뢰즈는 이미지에, 이미지를 능가하고 이미지에 외적이고 이미지보다 우월한 어떤 역능을 드러내는 능력을 허락하지 않는다. 이미지는 결코 상징적인 것이 아니다. 반대로 이미지는 자신이 포함하고 있는 것을, 자신이 생산하는 것을 보게 해줄 뿐이다. 또한 이미지는 복사본이 아니기 때문에 관객에게 순수한 봄(voyance)의 상태를 불러일으킨다. 그래서 우리로 하여금 어떠한 매개도 없이 시간의 솟아오름을 직접적으로 보게 해주는 것은 시간-이미지이다. 그리하여 시간-이미지는 내재성의 진정한 형상이고 사건의 진정한 형상이다. 그렇기 때문에 다른 모든 이미지들은 시간-이미지의 작용이라고 할 수 있다. 왜냐하면 모든 존재자들, 모든 시뮬라크르들은 내재성의 지배하에서만 존재할 뿐이기 때문이다.

결론

운동-이미지에서 시간-이미지로의 이행의 복잡성을 고찰한 것은 들뢰즈가 『시네마』에서 수행한 작업의 일관성을, 특정한 문제들을 제외하지 않으면서 보여주기 위한 방법이었다. 이 두 저작이 겨냥하는 것은 분명히 하나의 이미지에서 다른 이미지로의 이행을 정당화하고 설명하는 것이다. 그렇다면 들뢰즈가 제시하고 있는 철학과 영화의 관계는 어떻게 봐야 하는가. 운동-이미지와 시간-이미지는 철학을 하고 개념들을 창조하는 두 개의 상이한 방식들에 상응한다. 이는 가장 중요한 것은 아니지만, 어쨌든 기본적으로 기억해 두어야 하는 것이다. 그리고 이러한 분석에 따라 철학을 고전철학과 현대철학으로 구분하는 것은 그리 적절하지 않다. 이러한 구분은 고전 영화와 현대 영화의 구분을 모방한 것으로 보이는데, 하지만 거기서 중요한 결과가 도출되지는 않는다는 것을 알아야 한다. 운동-이미지에서 시간-이미지로의 전이는 역사적인 순서에 따르는 것이 아니다. 들뢰즈가 만들어내기를 거부하기는 하지만, 그의 이론 속에 함축되어 있는 영화의 역사는 결코 만족할 만한 설명의 요소가 아니다.

영화와 철학은, 들뢰즈가 말하는 이른바 내재성의 평면들이라는 것을 창조할 때에만 다시 결합된다. 우리는 들뢰즈가 말하는 '영화의 개념들'이 무엇인지를, 바로 이러한 관점에서만 이해할 수 있다. 하지만 영화와 마주하고 있는 철학의 입장이 어떠한 것인지에 관해서는 우리는 망설이게 된다. 철학은 영화를 성찰의 대상으로 삼는가, 아니면 이 대상을 그것의 해체에 이를 때까지 자기 고유의 예술적인 특성들과 통합하는가. 영화와 철학은 공통의 문제들을 제기하며, 이미지라는 형식을 통해 예술적으로 보여질 수도 있고, 개념이라는 형식을 통해 철학적으로 사유될 수도 있다. 철학과 영화 사이의 이러한 밀접한 연결은, 영화가 다른 예술들은 하지 못하는 것을 한다는 데, 즉 사유-이미지들을 보게 해준다는 데 기인한다. 사유-이미지들은 사유의 바깥을 드러낸다. 이 바깥은 사유될 수는 없지만 철학이 설명해야만 하는 것이다.

『운동-이미지』와 『시간-이미지』의 개념들은 이전 텍스트들에서 받아들인 것들이거나 아니면 나중의 텍스트(특히 『철학이란 무엇인가?』)에서 받아들이게 될 개념들이다. 현실적인 것과 잠재적인 것, 진리의 위기 혹은 절대적인 내재성 등과 같이 이미 잘 알려져 있는 주제들을 전개하고 있는 이러한 개념들은, 개념들의 특이성을 강조하는 것과는 동떨어진 것으로, 들뢰즈가 생산해낸 개념들 중에서 예외적인 것에 속한다. 마지막으로 운동-이미지에서 시간-이미지로의 이행은, 우리가 들뢰즈의 철학 전체를 특징짓는 문제들의 관점에서 이 이행을 다시 제기할 때에만 제대로 이해될 수 있을 것이다. 이 두 이미지와 하나의 이미지에서 다른 이미지로의 이행 방식은, 우리가 그것들을 상이한 두 개의 내재성의 평면 안에 기입되는 두 역능으로서 이해할 때에야 완전히 이해된다. 그리고 두 개의 내재성의 평면은 근본적으로 일의적인 일자-존재(Être-Un)의 두 변화일 뿐이다.

『시네마』는 영화적 이미지들과 기호들의 단순한 분류화가 아니다. 우리는 두 권의 진정한 철학 저작을 다루었는데, 이 저작들은 철학이 스스로 살기 위해, 그리고 스스로 구성되기 위해 필요로 하는 비철학을 영화 안에서 추구하려 할 것이다. 이제 이 이론이 다른 저작들과 정말로 대립하는지 아니면 그러한 대립에 저항할 것인지를 알아야만 한다.

주(註)

1. G. Deleuze, *Francis Bacon: Logique de la sensation*, Paris: Éditions de la Différence, 1981.
2. G. Deleuze, *Proust et les Signes*, Paris: Presses Universitaires de France(P.U.F.), 1964, 증보판 1970.
3. G. Deleuze, *Kafka*, Paris: Les Éditions de Minuit, 1975.
4. G. Deleuze, *Cinéma 2, L'Image-temps*, Paris: Les Éditions de Minuit, 1985, p.366.
5. G. Deleuze et F. Guattari, *Qu'est-ce que la philosophie?*, Paris: Les Éditions de Minuit, 1991, p.8.
6. 위의 책, p.166.
7. 위의 책, pp.205-206.
8. G. Deleuze, *L'Image-Temps*, p.366.
9. Alain Badiou, *Deleuze, La Clameur de l'être*, Paris: Hachette, 1997, p.28.
10. 위의 책, p.28.
11. *L'Image-temps*, p.365.
12. G. Deleuze, *Qu'est-ce que la philosophie?*, p.23.
13. G. Deleuze, *Cinéma 1, L'Image-mouvement*, Paris: Les Éditions de Minuit, 1983, p.7.
14. 1981년 1월 5일 뱅센에서의 들뢰즈의 강의. http://www.imaginet.fr.
15. H. Bergson, *Matière et Mémoire*, collection Quadrige, Paris: P.U.F., 1985, p.11.
16. 위의 책, p.14.
17. 위의 책, p.25.
18. 위의 책, p.25.
19. 위의 책, p.25.
20. 1981년 1월 5일 뱅센에서의 들뢰즈의 강의.
21. Alain Ménil, "Deleuze et le 'Bergsonisme du cinéma'," *Philosophie*, n°47, Paris: Les Éditions de Minuit, septembre 1995, p.38.
22. 1981년 1월 5일 뱅센에서의 들뢰즈의 강의.
23. Alain Ménil, "Deleuze et le 'Bergsonisme du cinéma'," 앞의 책, p.36.
24. G. Deleuze, *L'Image-mouvement*, p.9.
25. Guy Fihman, "Deleuze, Bergson, Zénon d'Elée et le cinéma," dir. Olivier Fahle et Lorenz Engell, *Le Cinéma selon Deleuze*, Verlag der Bauhaus-Universität Weimar, Presses de la Sorbonne Nouvelle, p.63.
26. H. Bergson, *L'Évolution Créatrice*, collection Quadrige, Paris: P.U.F., 1941, p.298.
27. Madeleine Barthélémy-Madaule, *Bergson*, Les écrivains de toujours,

Paris: Seuil, 1985, p.30.

28. H. Bergson, *Matière et Mémoire*, p.305.
29. *L'Image-mouvement*, p.18.
30. 1982년 뱅센에서의 들뢰즈의 강의. http://www.imaginet.fr.
31. *L'Image-mouvement*, p.21.
32. 위의 책, p.22.
33. 위의 책, p.7.
34. Alain Ménil, "Deleuze et le 'Bergsonisme du cinéma'," 앞의 책, p.33, note 13.
35. Guy Fihman, 앞의 책, p.68.
36. *L'Image-temps*, pp.58–59.
37. *L'Image-mouvement*, p.46.
38. *L'Image-temps*, p.355.
39. Yvonne Spielmann, "Digitalisation: image-temps et image-espace," *Le Cinéma selon Deleuze*, p.516.
40. "그럼에도 불구하고 이미지가 시청각적이 되었다는 것은 갑작스러운 것이 아니다. 반대로 이미지는 시각적 이미지와 청각적 이미지 사이의 더 복잡한 관계에 의존하는 새로운 일관성을 획득한다." *L'Image-temps*, pp.329–330.
41. Alain Ménil, "L'esprit clairvoyant du cinématographe," *L'Écran du Temps*, Lyon: Presses Universitaires de Lyon, p.11.
42. *L'Image-temps*, p.50.
43. Alain Ménil, "Deleuze et le 'Bergsonisme du cinéma'", 앞의 책, p.12.
44. 위의 책, pp.15–16.
45. Ybonne Spielmann, "Digitalisation: image-temps et image-espace," 앞의 책, p.517.
46. *L'Image-temps*, p.143.
47. *L'Image-mouvement*, p.42.
48. 위의 책, p.279.
49. 위의 책, p.280.
50. 위의 책, p.281.
51. 위의 책, p.382.
52. 위의 책, p.282.
53. *L'Image-temps*, p.28.
54. 위의 책, p.54. 들뢰즈는 장-루이

셰페르(Jean-Louis Schefer)를 인용.
55. 위의 책, p.362.
56. 위의 책, p.320.
57. *L'Image-mouvement*, p.278.
58. 위의 책, p.284.
59. 위의 책, p.285.
60. *L'Image-temps*, p.61.
61. *L'Image-mouvement*, p.277.
62. 위의 책, p.284.
63. 위의 책, p.289.
64. *L'Image-temps*, p.365. 강조는 저자.
65. 위의 책, p.58.
66. Joost Raessens, "Deleuze et la modernité cinématographique," *Le Cinéma selon Deleuze*, p.269.
67. *L'Image-temps*, pp.359–360.
68. Joost Raessens, "Deleuze et la modernité cinématographique," 앞의 책, p.271.
69. 위의 책, p.272.
70. *L'Image-mouvement*, p.277.
71. G. Deleuze, *Différence et Répétition*, Édition de 1993, Paris: P.U.F.
72. Joost Raessens, "Deleuze et la modernité cinématographique," 앞의 책, p.274.
73. *L'Image-mouvement*, p.7.
74. 위의 책, p.7.
75. *L'Image-mouvement*, p.292.
76. Reda Bensmaia, "Un philosophe au cinéma," in Dossier Deleuze, *Le Magazine Littéraire*, septembre 1988, p.58.
77. 위의 책, p.58.
78. G. Deleuze, "Sur L'Image-mouvement," *Pourparlers*, Paris: Les Éditions de Minuit, 1990, p.68.
79. 위의 책, p.67.
80. 위의 책, p.67.
81. Olivier Fahle, "Deleuze et l'histoire du cinéma," *Le Cinéma selon Deleuze*, p.127.
82. 위의 책, p.127.
83. Eric Alliez, *La Signature du monde ou Qu'est-ce que la philosophie de Deleuze*

et Guattari, Paris: Éditions du Cerf, 1993, p.13.

84. G. Deleuze et F. Guattari, *Qu'est-ce que la philosophie?*, p.59.

85. G. Deleuze, *Pourparlers*, p.204.

86. Raymond Bellour, "Penser, raconter le cinéma de Gilles Deleuze," *Le Cinéma selon Deleuze*, p.33.

87. G. Deleuze, *Pourparlers*, p.92.

88. Gérard Lebrun, "Le transcendantal et son image," in E. Alliez, dir., *Gilles Deleuze, une vie philosophique*, Le Plessis-Robinson, Institut Syntélabo, distribué par P.U.F., 1998, pp.207-208.(*Différence et Répétition*, pp.176-177에서 재인용—역자)

89. 위의 책, p.167.

90. 위의 책, p.91.

91. *L'Image-mouvement*, pp.56-57.

92. Hegel, *La Phénoménologie de l'Esprit*, trans. Jean Hyppolite, Paris: Aubier, 1977, tom.1, p.27.

93. *Qu'est-ce que la philosophie?*, p.12.

94. Raymond Bellour, "Penser, raconter le cinéma de Gilles Deleuze," 앞의 책, p.33.

95. 위의 책, p.26.

96. 위의 책, p.33.

97. *L'Image-temps*, p.86.

98. Alain François et Yvan Thomas, "La dimension critique de Gilles Deleuze, pour une pédagogie de la perception," *Le Cinéma selon Deleuze*, p.202.

99. *L'Image-temps*, p.165.

100. 위의 책, pp.165-166.

101. 위의 책, p.64.

102. 위의 책, p.64.

103. F. Zourabichvili, *Deleuze, Une philosophie de l'événement*, collection Philosophies, Paris: P.U.F., 1994, p.71.

104. 1983년 6월 7일 들뢰즈의 뱅센에서의 강의. 『베르그송(*Bergson*)』에서.

105. 위의 책.

106. 위의 책.

107. 위의 책.

108. *L'Image-temps*, p.106.

109. 위의 책, p.164.

110. 위의 책, p.130.

111. 위의 책, p.131.

112. 위의 책, p.233.

113. Alain Badiou, *Deleuze, La Clameur de l'être*, p.21.

114. *L'Image-temps*, p.131.

115. 위의 책, p.132.

116. 위의 책, p.137.

117. D. N. Rodowick, "Gilles Deleuze, philosophe du cinéma," *Iris*, n°23, Introduction, p.7.

118. 위의 책, pp.7-8.

119. *L'Image-temps*, p.170.

120. F. Zourabichvili, 앞의 책, p.7.

121. 위의 책, p.8.

122. Alain Badiou, 앞의 책, p.85.

123. 위의 책.

124. *Différence et Répétition*, p.340.

125. *L'Image-temps*, p.174.

126. 위의 책, p.171.

127. 위의 책, p.172.

128. 위의 책, p.172.

129. 위의 책, p.174.

130. 위의 책, p.177.

131. 위의 책, p.175.

132. 위의 책, p.184.

133. 위의 책, p.191.

134. 위의 책, p.186.

135. A. Badiou, 앞의 책, p.87.

136. 위의 책, p.87.

137. 위의 책, pp.90ff.

138. 위의 책, p.20.

139. *L'Image-temps*, p.170.

140. *L'Image-mouvement*, p.22.

141. A. Badiou, 앞의 책, p.92.

142. 위의 책, p.101.

143. 위의 책, pp.40ff. 참조.

144. 위의 책, p.112.

145. *L'Image-temps*, p.279.

146. Kant, *Critique du Jugement*, Paris: Vrin, 1993, §26, p.133.

147. *L'Image-temps*, p.82.

148. *L'Image-mouvement*, p.53.

149. 위의 책, p.56.

150. 위의 책, p.57.
151. *L'Image-temps*, p.69.
152. *L'Image-mouvement*, p.73.
153. 위의 책, p.73.
154. 위의 책, p.77.
155. 위의 책, p.79.
156. 위의 책, p.80.
157. Alain Ménil, "L'image-temps une figure de l'immanence?," *Iris*, n°23, printemps 1997, p.169.
158. *Qu'est-ce que la philosophie?*, p.38.
159. *L'Image-temps*, p.233.
160. 위의 책, p.232.
161. 위의 책, p.231.
162. 위의 책, p.235.
163. 위의 책, p.236.
164. 위의 책, p.236.
165. *L'Image-temps*, p.237.
166. *Qu'est-ce que la philosophie?*, p.59.
167. F. Zourabichvili, *Deleuze, Une philosophie de l'événement*, p.16.
168. 위의 책, p.17.
169. *L'Image-temps*, p.203.
170. 위의 책, p.205.
171. *Qu'est-ce que la philosophie?*, p.187.
172. *L'Image-temps*, p.210.
173. 위의 책, p.210.
174. 위의 책, p.212.
175. Alain Badiou, *Deleuze, La Clameur de l'être*, pp.28-29.
176. *Pourparlers*, p.187.
177. *L'Image-temps*, p.216.
178. 위의 책, p.219.
179. 위의 책, p.221.
180. 위의 책, p.221.
181. A. Ménil, "L'Image-temps: une figure de l'immanence?," 앞의 책, p.172.
182. Raymond Bellour, "Penser, raconter le cinéma de Gilles Deleuze," 앞의 책, p.32.
183. *L'Image-mouvement*, p.45.
184. *L'Image-temps*, p.59.
185. D. N. Rodowick, *Iris*, n°23, introduction, p.6.
186. *L'Image-temps*, p.354. 강조는 저자.
187. 위의 책, p.272.
188. Jacques Rancière, "Y a-t-il une esthétique deleuzienne?," *Gilles Deleuze, une vie philosophique*, p.530
189. *L'Image-temps*, p.61.
190. 위의 책, p.61.
191. 위의 책, p.40.
192. 위의 책, p.59.
193. D. N. Rodowick, "La critique ou la vérité en crise," *Iris*, n°23, p.13.
194. 위의 책, p.13.
195. "환경이란 어떤 차이의 재현이고, 수축 안에서 현실화되는 어떤 시간적인 차원의 재현이다."(F. Zourabichvili, *Deleuze, Une philosophie de l'événement*, p.98)
196. F. Zourabichvili, 앞의 책, p.107.
197. 위의 책, p.123.
198. G. Deleuze, *Différence et Répétition*, p.269.
199. 위의 책, p.273.
200. 위의 책, p.273.
201. 위의 책, p.273.
202. G. Deleuze, "L'actuel et le virtuel," in G. Deleuze et Claire Parnet, *Dialogues*, Paris: Flammarion, 1977, pp.179-180.
203. *L'Imge-temps*, p.170.
204. *Différence et Répétition*, p.339.
205. 위의 책, p.339.
206. *L'Image-temps*, p.109.
207. 위의 책, pp.74-75.
208. 위의 책, p.93.
209. 위의 책, pp.92-93.
210. 위의 책, p.95.
211. 위의 책, p.95.
212. 위의 책, p.95.
213. 위의 책, p.111.
214. 위의 책, p.113.
215. 위의 책, p.114.
216. 위의 책, p.116.
217. 위의 책, p.117.
218. 위의 책, p.125.
219. 위의 책, pp.125-126.
220. 위의 책, p.126.
221. 위의 책, p.127.
222. 위의 책, p.121.

223. 위의 책, p.59.
224. 위의 책, p.111.
225. Roberto De Gaetano, "Mondes cinématographique," in *Le Cinéma selon Deleuze*, p.172.
226. "L'actuel et le virtuel," *Dialogues*, p.180.
227. 위의 책, pp.180–181.
228. *L'Image-temps*, p.129.
229. 위의 책, p.77.
230. 위의 책, p.78.
231. Roberto De Gaetano, "Mondes cinématographique," 앞의 책, p.172.
232. *L'Image-mouvement*, p.289.
233. 위의 책, p.54.
234. Alain Ménil, "L'Image-temps, une figure de l'immanence?," *Iris*, n°23, printemps 1997, p.171.
235. 위의 책, p.171.
236. 위의 책, p.171.
237. *Différence et Répétition*, p.387.
238. 위의 책, p.340.

239. 위의 책, p.341.
240. A. Badiou, *Deleuze, la Clameur de l'être*, p.42.
241. 위의 책, p.41.
242. *Différence et Répétition*, p.52.
243. J. L. Leutrat, "Sur la terre comme au ciel," *Iris*, n°10, p.205.
244. G. Deleuze et F. Guattari, *Qu'est-ce que la philosophie?*, pp.39–40.
245. A. Ménil, "L'image-temps: une figure de l'immanence?," *Iris*, n°23, p.167.
246. *Qu'est-ce que la philosophie?*, p.59.
247. 위의 책, p.182.
248. *Qu'est-ce que la philosophie?*, p.51.
249. 이 주제에 관해서는 들뢰즈의 텍스트 "L'immanence: une vie," *Philosophie*, n°47을 볼 것.
250. A. Ménil, "L'image-temps: une figure de l'immanence?," 앞의 책, p.186.
251. 위의 책, p.178.

참고문헌

질 들뢰즈의 저서

Cinéma 1, L'Image-mouvement, Paris: Les Éditions de Minuit, 1983.
Cinéma 2, L'Image-temps, Paris: Les éditions de Minuit, 1985.
Dialogues (en collaboration avec Claire Parnet), Paris: Flammarion, 1977.
Différence et Répétition, Paris: Presses Universitaires de France, 1968.
La Philosophie de Kant, Paris: Presses Universitaires de France, 1963.
Le Bergsonisme, Paris: Presses Universitaires de France, 1966.
Mille Plateaux (avec Félix Guattari), Paris: Les éditions de Minuit, 1980.
"L'immanence: une vie," in *Philosophie*, n°47, Paris: Les Éditions de Minuit, septembre 1995.
Pourparler, Paris: Les Éditions de Minuit, 1990.
Proust et les signes, Paris: Presses Universitaires de France, 1964, Édition augmentée de 1970.
Qu'est-ce que la Philosophie? (avec Félix Guattari), Paris: Les Éditions de Minuit, 1991.

질 들뢰즈에 관한 저서

Alliez, Eric, (sous la dir. de), *Gilles Deleuze, une vie philosophique*, Le Plessis-Robinson, Institut Syntélabo, distribué par les Presses Universitaires de France, 1998.
Alliez, Eric, *La Signature du monde ou Qu'est-ce que la Philosophie de Deleuze et Guattari*, Paris: Les Édition du Cerf, 1993.
Badiou, Alain, Deleuze, *La Clameur de l'être*, Paris: Hachette, 1997.
Buydens, Mireille, Sahara, *L'Esthétique de Gilles Deleuze*, Paris: Vrin, 1990.
Fahle, Olivier et Engell, Lorenz, dir., *Le Cinéma selon Deleuze*, Verlag der Bauhaus Universität Weimar, Presses de la Sorbonne Nouvelle.
Guallandi, Alberto, *Deleuze*, Coll. 'Figures du savoir,' Paris: Les Belles Lettres, 1998.
Lenain, Thierry, *Deleuze, Foucault, Lyotard*, Paris: Vrin, 1997.
Martin, Jean-Clet, *Variations, la Philosophie de Gilles Deleuze*, Paris: Payot, 1993.

Zourabichvili, François, *Deleuze, une philosophie de l'événement*, Paris: Presses Universitaires de France, 1994.

그 밖의 저서

Barthélémy-Madaule, Madeleine, *Bergson*, Coll. 'Les écrivains de toujours,' Paris: Seuil, 1985.
Bazin, André, *Qu'est-ce que le cinéma?*, Paris: Les Éditions du Cerf, 1985.
Bergson, Henri, *L'Évolution Créatrice*, Paris: Presses Universitaires de France, 1941.
Bergson, Henri, *Matière et Mémoire*, Paris: Presses Universitaires de France, 1939.
Bonitzer, Pascal, *Le Champ aveugle, Essai sur le réalisme au cinéma*, Cahiers du Cinéma/Gallimard, Paris: Gallimard, 1982.
Daney, Serge, *La Rampe*, Cahiers du Cinéma/Gallimard, Paris: Gallimard, 1983, réédité en 1996.
Kant, Emmanuel, *Critique de la raison pure*, Paris: Presses Universitaires de France, 1944.
Ménil, Alin, *L'Écran du temps*, Lyon: Presses Universitaires de Lyon.
Pasolini, Pier Paolo, *L'Expérience hérétique*, Paris: Payot, 1976.
Robbe-Grillet, Alain, *Pour un nouveau roman*, Paris: Les Éditions de Minuit, 1961.

기사

Entretien avec Gilles Deleuze par Pascal Bonitzer et Jean Narboni, "La photographie est déjà tirée dans les choses," *Cahiers du Cinéma*, n°352, octobre 1983.
Leutrat, Jean-louis, "La critique ou la vérité en crise," *Iris*, n°10, *Christian Metz et la Théorie du cinéma*.
Dossier Deleuze, *Le Magazine littéraire*, septembre 1988.
"Portrait du philosophe en spectateur," *Le Monde*, jeudi 6 october 1983.
Ménil, Alain, "L'image-temps, une figure de l'immanence," *Iris*, n°23, *Gilles Deleuze, Philosophe du cinéma*.
Ménil, Alain, "Deleuze et le 'bergsonisme du cinéma'," *Philosophie*, n°47, Paris: Les Éditions de Minuit, septembre 1995.

영화

L'Abécédaire, réalisé par André Boutang, Éditions Monparnasse, 1995.

인터넷

Deleuze, Gilles, *Cours sur le cinéma à la faculté de Vincennes*, 1981-1983, http://www.imaginet.fr.

옮긴이의 말

이 책은 쉬잔 엠 드 라코트(Suzanne Hême de Lacotte)의 *Deleuze: Philosophie et cinéma*(L'Harmattan, 2001)를 번역한 것으로, 들뢰즈가 자신의 저작 『시네마 1, 운동-이미지(*Cinéma 1, L'Image-mouvement*)』와 『시네마 2, 시간-이미지(*Cinéma 2, L'Image-temps*)』에서 다룬 철학과 영화의 만남에 대한 내용을 담고 있다. 우리나라에서도 꽤 오래 전부터 들뢰즈의 『시네마』에 대한 관심은 많았지만, 관심에 비해 번역되거나 저술된 책은 그다지 많지 않았다. 『시네마 1, 운동-이미지』와 『뇌는 스크린이다』가 번역 출간되긴 했지만, 『시네마』의 전반적인 철학적 구조에 대한 입문적인 책은 그 필요성에도 불구하고 없는 실정이다. 이러한 상황이기 때문에 이 책이 작지만 필요한 몫을 할 수 있으리라 생각한다.

들뢰즈는 『운동-이미지』와 『시간-이미지』라는 두 권의 저작에서 영화에 대한 철학적 논의를 전개하고 있는데, 두 권 모두 주된 철학적 전제로 베르그송의 철학을 선택하고 있다. 베르그송의 철학이 주된 논거로 사용되고 있지만, 들뢰즈 전기(前期)의 도제(徒弟) 시기에서 볼 수 있듯이 베르그송, 칸트, 스피노자, 라이프니츠, 니체 등 여러 철학자들의 논의가 들뢰즈의 방식으로 번역되고 전유되면서 『시네마』에 언급된다. 또한 이러한 철학적 논의들이 영화사 전체를 아우르며 구체적인 영화들에 대한 논의를 통해 전개되고 있다. 이렇게 들뢰즈 특유의 표현이나 논리

전개 방식, 수많은 영화들과 영화이론들의 인용, 그리고 들뢰즈 사상의 난해함이 들뢰즈 철학에 익숙한 사람들조차도 『시네마』를 읽기에 까다로운 책으로 만든다.

이 책이 다루고 있는 『운동-이미지』와 『시간-이미지』에 대해 살펴보면, 먼저 『운동-이미지』에서는 이미지가 무엇인지와 그러한 이미지의 정의에서 도출되는 운동-이미지의 성격, 그리고 운동-이미지의 변이체들(variétés)이 어떠한 방식으로 관련 맺고 있는지를 주로 다룬다. 그래서 서론에서 들뢰즈 자신이 밝히고 있듯이, 『운동-이미지』는 이미지의 분류학(taxinomie)이라는 말이 정당하게 사용될 수 있는 성격을 가지고 있다. 하지만 『시간-이미지』는 『운동-이미지』와는 전혀 다른 방식의 논의를 전개한다. 체계적인 이미지 분류학도 아니고, 운동-이미지와 대칭적인 대구를 이루는 시간-이미지를 다루고 있지도 않다. 『시간-이미지』는 전통적인 철학책과 유사한 성격을 띠고 있다. 이렇듯 서로 닮지 않은 구조의, 그래서 서로 다른 층위의 논의를 전개하는 이 두 저작을 『시네마』라는 하나의 제목으로 묶는 것은 어떤 의미를 가지는가. 독자들은 우선 이 점을 짚어 봐야만 『시네마』라는 책을 이해할 수 있을 것이다.

이 책 『들뢰즈: 철학과 영화』의 저자는 우선, 들뢰즈가 모든 논의의 출발점으로 삼고 있는 이미지란 과연 무엇인지를 해명하고, 그리고 운동-이미지와 시간-이미지의 관계에 대해 다루고 있다. 운동-이미지에서 왜 시간-이미지로 이행할 수밖에 없는가 하는 점, 그리고 운동-이미지와 시간-이미지는 동등하고 대칭적인 관계가 아니라 철학적으로 시간-이미지가 우월할 수밖에 없는 구조를 가지고 있다는 점 등을 지적한다. 하지만 이러한 시간-이미지의 우월성은 초월적인 방식으로 우월한 것이 아니라 내재적(內在的)인 방식으로 운동-이미지와 관계 맺고 있다는 점 등을 해명한다. 그리고 각각의 이미지에 해당하는 진리관의 문제, 시간의 문제, 서술의 문제 등을 일목요연하게 설명하고 있다. 그리고 이러한 두 이미지의 문제들은 결국 들뢰즈의 일의성(一義性)의 존재론의 기반 위에서 해명되고 의미를 가진다고 한다. 저자가 친절하고 상세하게 『시네마』를 설명해 주지는 않지만, 이렇게 『시네마』의 전반적인 철학적 구조를 다루고 있기 때문에, 각 장들을 이해하기 위해서는 들뢰즈의 『시네마』 원전과 함께 이 책을 읽는 것이 바람직할 것이다.

많은 경우, 철학을 공부하는 학생들은 『시네마』가 기대고 있는 논리적 철학적 논의들에 대해서는 대략 이해를 하지만, 구체적인 영화들을 통해 그 논의가 어떻게 전개되는지를 이해하기는 쉽지 않기 때문에 『시네마』에 대한 진정한 이해에 도달하기 어렵다. 반면 영화를 공부하는 학생들은 구체적인 영화들에 대해서는 부분적으로 이해를 하지만, 그러한 수많은 논의들이 전체적으로 무엇을 말하고자 하는지를 파악하기 어려운 경우가 많은 것 같다. 이 책의 대부분은 구체적인 영화를 통한 논의 전개보다는 『시네마』를 이해하기 위한 전반적인 철학적 틀거리를 다루고 있기 때문에, 철학을 공부하는 독자들에게도 도움이 되겠지만, 특히 영화를 공부하면서 들뢰즈의 『시네마』를 읽으려고 하는 독자들에게 더 도움이 되지 않을까 싶다. 어쨌거나 이 책이 『시네마』를 읽고 이해하는 과정에서 생겨나는 어려움과 낯섦을 이겨낼 수 있게 도와주리라 생각하며, 독자들에게 『시네마』의 올바른 이해에 도달하기 위한 작은 도구로 사용될 수 있다면, 이 책은 자신의 역할을 다한 것이라 생각한다.

작은 책이지만, 이 책을 번역하는 일은 쉽지 않았다. 많은 번역어들은 기존에 국내에서 출판된 들뢰즈 관련 저서들에서 사용된 번역어들의 도움을 많이 받았다. 이 책에 앞서 들뢰즈 관련 책을 출판했던 모든 연구자들께 감사의 마음을 전하고 싶다. 그리고 언제나 믿음을 가지고 지켜봐 주신 은사님들께도 이 자리를 빌려 감사의 마음을 전한다.

찾아보기

124

저자 쉬잔 엠 드 라코트(Suzanne Hême
de Lacotte)는 파리 1대학 팡테옹–소르본에서
철학과 미학에 대한 연구를 하고 있다.

역자 이지영은 한국예술종합학교 영상이론과에서
예술전문사, 서울대에서 석·박사 학위를 받았다.
「베르그송의 지각이론」「영화 프레임에 대한 연구」
「들뢰즈의 운동―이미지 개념에 대한 연구」 등의
연구논문이 있으며 영국 옥스퍼드대에서
영화미학으로 박사 논문을 준비 중이다.
한국예술종합학교, 서울대, 홍익대,
옥스퍼드대에서 강사를 지냈고, 현재 세종대
대양휴머니티칼리지에서 강의하고 있다. 저서로
『BTS 예술혁명』『철학자가 사랑한 그림』(공저),
역서로『푸코』등이 있다.

들뢰즈: 철학과 영화
운동–이미지에서 시간–이미지로의 이행

쉬잔 엠 드 라코트
이지영 옮김

초판1쇄발행 2004년 10월 1일
초판4쇄발행 2019년 2월 10일
발행인 李起雄
발행처 悅話堂
　　　경기도 파주시 광인사길 25 파주출판도시
　　　전화 031–955–7000 팩스 031–955–7010
　　　www.youlhwadang.co.kr yhdp@youlhwadang.co.kr
등록번호 제10–74호
등록일자 1971년 7월 2일
편집 조윤형 노윤례
디자인 이수정

Deleuze: Philosophie et cinéma by Suzanne Hême de
Lacotte © 2001 by Editions l'Harmattan
Korean Translation © 2004 by Youlhwadang Publisher

ISBN 978–89–301–0081–6

이 도서의 국립중앙도서관 출판시도서목록(CIP)은
e-CIP 홈페이지(http://www.nl.go.kr/cip.php)와
국가자료목록시스템(http://www.nl.go.kr/kolisnet)에서
이용하실 수 있습니다.(CIP제어번호: CIP2011001659)